★ 二战风云人物 ★

隆美尔

孙 洁 ◎ 著　于之伟　郭岭松 ◎ 主编

中国华侨出版社

图书在版编目(CIP)数据

隆美尔 / 孙洁著.—北京:中国华侨出版社,2015.2

(二战风云人物 / 于之伟,郭岭松主编)

ISBN 978-7-5113-5222-4

Ⅰ.①隆… Ⅱ.①孙… Ⅲ.①隆美尔,E.(1891~1944)-生平事迹 Ⅳ.①K835.165.2

中国版本图书馆 CIP 数据核字(2015)第039020号

二战风云人物:隆美尔

著　　者	孙　洁
责任编辑	文　喆
责任校对	志　刚
经　　销	新华书店
开　　本	787 毫米×1092 毫米　1/16　印张/17　字数/218 千字
印　　刷	北京军迪印刷有限责任公司
版　　次	2015 年 5 月第 1 版　2020 年 5 月第 2 次印刷
书　　号	ISBN 978-7-5113-5222-4
定　　价	68.00 元

中国华侨出版社　北京市朝阳区静安里 26 号通成达大厦 3 层　邮编:100028

法律顾问:陈鹰律师事务所

编辑部:(010)64443056　64443979

发行部:(010)64443051　传真:(010)64439708

网址:www.oveaschin.com

E-mail:oveaschin@sina.com

前言

第二次世界大战，是迄今为止人类历史上最为惨痛的一场浩劫，给整个世界造成了巨大的灾难。据估计，死亡人数超过6000万，各类损失超过40000亿美元。在这场关系到人类前途和命运的斗争中，正义力量最终取得胜利，人类文明得以延续，和平得以恢复。

从和平到来的那一刻起，人们就开始不断反思与战争有关的一切，试图寻找制止人类自相残杀的方法和途径。时至今日，第二次世界大战结束已经整整70年了，这种反思还在继续。令人遗憾的是，以人类现有的历史智慧，不仅没有找到彻底消弭战争的方法，而且随着世界政治格局的进一步发展，全球各地的军事冲突不断，战火频仍，甚至在个别地区有愈演愈烈之势。有人甚至担心，是否会爆发新的世界大战！

事实上，这种担心是完全没有必要的。

二战造成的影响极为深远，涉及政治、经济、文化、科技等各个领域，给世界带来了天翻地覆的变化。特别是东西两大对立阵营的出现，彻底改变了近两百年来由资本主义支配世界的格局。随着苏联的解体，表面上这种对立已不复存在，但它所留下的阴影仍然存在于全球各个角落，当代世界全局性矛盾的焦点仍然集中于此。不过，经过战后70年的历史演变，人们基本可以形成这样一个共识：任何一方都不可能通过军事手段一举消灭对方，并存和互相竞争的局面已经形成。换句话说，就是从政治、经济、文化等诸方面较量彼此实力和影响力等手段已经成为世界范围内竞争的主流。军事手段虽然没有被完全抛弃，但是爆发世界大战的可能性微乎其微，基本可以忽略不计。

正值二战胜利70周年之际，我们策划、出版这套《二战风云人物》丛书的目的也在于此。丛书共10册，收入了二战期间"同盟国"和"轴心国"将领各5人，分别是：艾森豪威尔、巴顿、麦克阿瑟、朱可夫、蒙哥马利、隆美尔、邓尼茨、曼施泰因、古德里安和山本五十六。丛书没有止于对人物在二战期间经历的单纯记述，而是从宏大的历史战争画卷入手，就人物的性格、军事指挥艺术以及世界潮流发展进行深入分析与阐释，总结得出一个结论：邪恶势力或许凭借个人能力或物质基础而嚣张一时，但最终都无法改变正义必将战胜邪恶这一亘古不变的真理。

愿战争不再，和平永驻。

鉴于水平有限，丛书中难免会出现疏漏或错误，敬希读者批评指正。

目录

父命难违——文弱书生入军营 / 001

崭露头角——英勇军官立战功 / 017

复原浪潮——潜心钻研暂沉寂 / 032

硝烟再起——"魔鬼之师"入法国（上）/ 053

硝烟再起——"魔鬼之师"入法国（下）/ 071

趁势推进——率众疾驰闯火线 / 085

最后一击——塞纳河畔定乾坤 / 099

救援意军——"沙漠之狐"显功力 / 118

僵持之局——胜败交织陷黄沙 / 138

率部反击——重掌优势扬威名（上）/ 155

率部反击——重掌优势扬威名（下）/ 172

强弩之末——生死相拼定乾坤 / 193

最后一搏——黯然离别伤心地 / 213

拯救西线——战争狂人萌退意 / 232

狐狸之死——意外赐死留谜团 / 253

父命难违——文弱书生入军营

1891年11月的一个星期天,在海登海姆——一个德国东部的小县城里,一阵婴儿的啼哭声打破了老隆美尔家的宁静。

此时的老隆美尔正在课堂讲习,听闻妻子生产的消息后才匆匆赶回家。他将迎接的是他的次子。几天后,他为这个羸弱而白净的孩子取了一个略显冗长的名字——约翰尼斯·埃尔温·尤金·隆美尔。此时的他绝不会想到,这个看起来脆弱的小生命在日后将成为驰骋疆场的元帅,为整个家族带来无上的荣耀。

这当然不能怪这位老先生的"后知后觉"。事实上,隆美尔出生在一个典型的知识分子家庭。他的祖父是一名教书匠,父亲老隆美尔年轻时曾在炮兵部队服过役,之后也从事教育工作,成为家乡中学的校长和数学教师,在海登海姆也算小有名气。母亲名叫海伦娜·卢兹,是巴登符腾堡州地方行政长官卡尔·冯·卢兹的女儿。接受传统教育的母亲是一位"贤内助",对待孩子温柔慈祥，受到孩子们的喜爱和亲近。隆美尔是家里的第二个孩子，他还有3个兄弟和1个姐妹。与兄弟们相比，隆美尔长得更像母亲，没有继承父亲高大的体格，又矮又胖，面色苍白，常被周围的人戏称为"小白熊"。

1898年，老隆美尔成为阿伦当地文科中学的校长，故举家搬到此地。这时，隆美尔已经7岁。本该上小学的他，因阿伦文科学校已升格为中学，所以家中只得为他请了一位私人家庭教师。1900年，隆美尔终于达到年龄规定，可以到父亲任职的中学就读了。那是一所以拉丁语教学为主的学校。然而，在父亲的学校里他过得并不十分惬意。

当隆美尔度过10岁生日后，不知为何，他猛然发觉自己的身体素质和学习成绩已经远远落后于他人。普鲁士民族的高傲和自尊心终于开始觉醒，一种潜在的斗士精神渐渐展现出来。这个一度被家人担心无法健康成长的少年，在一番自惭形秽中深刻反省了自我，决心逐渐打开心扉，勇敢地面对现实生活。

为了改善体质，隆美尔开始自觉地加强锻炼，打网球、骑自行车、溜冰、登山……所有能够挑战的项目他都一一尝试，甚至逐渐喜爱上了它们。同时，他在学习上面也是越来越用功。父亲的数学天赋似乎被隆美尔完美地继承下来了，他拥有着敏锐而严密的数理思维，特别体现在他的学习过程中。虽然之前落下了很多功课，但他数学等自然科学科目的成绩在短短时间内仍然获得了异常显著的提升。正是在这段时期，隆美尔开始理解父亲为何能在教育事业和知识海洋中找到乐趣，第一次对未知的未来有了朦胧的期盼。

在一次家庭交际聚会上，机缘之下，他受邀登上了一架飞艇。在当时的年代，对这个德国小镇上的普通少年来说，这是一件多么了不得的事情！自那天起，他就沉浸于机械学的世界。他的痴迷不仅体现在积极求教于师长，还敢于动手实践。

最初，他只是拿自家的一些钟表"练手"——没事就拆开研究。发展到后来，只要是带有机械装置的东西，他都执着于弄清它们的内部工作原理。所以，家中几乎所有的机械物件都没能够逃过他的"魔爪"，被拆卸的"体无完肤"。他虽因此常常挨骂，却也取得了一些小成就。

据隆美尔回忆，他和好友季特尔曾制作出一架完整的微型盒式滑翔机。他们曾在阿伦郊外多次试验，最远可滑行几十米。要知道，那个时候美国莱克兄弟才刚刚发明飞机，欧洲才出现原始动力飞机而已，14岁的隆美尔却能凭借实力和伙伴创造出这番成绩，不得不说他在机械学方面的确有惊人的天赋。而这架滑翔机试飞时的场景被他们用相机记录了下来，成为隆美尔引以为傲的美好纪念，经常在别人面前炫耀不已。他的那位好友季特尔日后则成为德国齐柏林飞机制造厂的一名工程师。

在这样的情况下，隆美尔将飞艇工程师作为成人后的工作目标就没什么好奇怪的了。同时，一场意外也促使他更为专心地投入到机械学学习中。那是在一次校外活动中，隆美尔本想跃过一段河道，谁知河两岸间距过大，一下子踩在一块又湿又滑的石块上，跌了一跤。这次事故把他折腾地够呛，右脚的踝骨断了，一度还有落下残疾的危险。从此以后，他对体育运动，特别是户外运动重新产生了厌恶感，在学校里只是埋头于机械学研究。

当然，作为一名中学生，隆美尔在当时并没有掌握太多太深的专业知识，但这段经历竟无意间为其日后领导一支机械化部队奠定了基础。早年对机械学的痴迷绝对是隆美尔人生中获益匪浅的经历，使他后来在战场上能充分运用机械部队，展现非凡的军事指挥能力，隆美尔在日后回忆时也承认了这点。

除了机械学，隆美尔还喜欢读书，尤其是军事、政治人物的传记，而不是像大多数同龄人一样在球场飞奔。在诸多历史人物中，他最欣赏拿破仑，不仅为其卓越的军事指挥能力喝彩，也为其悲凉的后半生感到可惜。

不管怎样，那时的隆美尔从来都没有想过成为一名职业军人，而是心心念念地只想做机械工程师。哪怕在众人眼中，他也仍旧是一个不甚强壮的少年，似乎做学问更能够使其发挥所长。但是，并不是所有人都这样认为。老隆美尔既不期盼儿子走自己的老路，一味地钻研学问，也不想儿子像平常人一样平凡地度过一生，所以他对隆美尔的志向是非常不满意的，总是引导儿子朝着自己预想的方向前进。

虽说老隆美尔是一个知识分子，但却深受普鲁士军国主义思想的影响。在德意志统一前，普鲁士只是德意志北部的一个邦国，普鲁士人则是德意志民族中好战、崇尚武力的代表。在欧洲其他民族看来，他们是一群高大却粗鲁的莽夫，没有风度可言，是摧毁罗马帝国的侵略者。但普鲁士人却自我感觉良好，自认为是德意志民族勇猛精神的继承者、希望的源泉，只有他们有能力统一德意志民族。

1871年，普鲁士统一了德意志，建立了新帝国。普鲁士人的思维方式逐渐渗透到整个德意志地区。严谨、勤奋、细致、坚韧……这些都是他们宝贵的内在品质。所以，德国人总是能在一些看似枯燥的领域取得巨大成就，像很多著名的数学家和哲学家都出自德国，如莱布尼茨、高斯、黑格尔、康德等。新帝国的建立并没有令既往的战斗精神被遗忘。随着帝国的日渐稳固，普鲁士军国主义思想反而愈来愈盛。进入20世纪后，世界范围内的殖民地逐步被西方列强瓜分殆尽，崛起的德国日益对现状不满，积极着手扩军备战，希望夺得世界霸权，重新划分势力范围。在这种现实背景下，德国国内军人的社会地位愈加重要，往往能得到一般人无法享受到的种种特权。

由于上述种种，老隆美尔认为，儿子想要出人头地，非做军人莫属。阅人无数的他笃定隆美尔将在军中有所作为。而现实中的隆美尔，此时还是一个成绩优异，但总与周围孩子格格不入，时常感到孤寂的男孩。有一次，隆美尔一时冲动，与同学在争吵时大打出手，因而受到学校的警告处分。父亲一改往常严厉责罚的教育风格，只是规定隆美尔今后必须每天跑步锻炼，以强化体质。另一方面，这位严父也认识到儿子性格上的问题，鼓励隆美尔重新参与体育活动，努力融入同伴之中。在父亲的建议和帮助下，隆美尔开始打开心门，尝试结交好友。当上元帅后，隆美尔还时常谈到父亲当时对他的影响，并坦言道：若不是父亲的鼓励，自己根本不可能由一名"书生"逐渐成长为一名"战士"。

为了让这个在自己眼中"柔弱"不已的孩子接受彻底的洗礼，老隆美尔以自己的名义写了一封举荐信，寄给了在符腾堡炮兵部队中一位叫路奇的朋友。在信中，他极力赞美着自己的次子，"健壮、可靠、是一个很好的体操运动员"。不过，信件仿佛石沉大海，再也没有丝毫音讯传来。几个月过后，偶然之中他才从其他朋友口中听到消息，原来路奇早就因肺炎而过世了，那封信件永远不可能到达收信人手中了。

倔强的老头并没有就此放弃，而是提笔写了第二封信，直接寄给炮兵部队的负责人。没过几天，隆美尔就接到了邀请他去面试的回函。当天主持面试的军官看到瘦弱的隆美尔时，简直不敢相信这就是信中描绘的那个"强壮"的年轻人，所以当下就拒绝接收他。老校长被气坏了，却又毫无办法。但他始终不肯放弃，直接带着儿子到其他部队报名。

而此时隆美尔的内心世界也正发生着剧烈的变化，德国人刚毅、倔强的性格在他身上展现得淋漓尽致。原本不想涉足军旅生活的他，眼见着自己被一次次拒绝，反而产生了迎难而上，偏要尝试一番的劲头。

隆美尔元帅戎装照

几番挫折之下，第124伍尔登步兵团终于被隆美尔的真诚与执着打动了，表示愿意接受他。然而，事情并没有想象中那么顺当。在接受入伍体检的过程中，他被查出患有小肠疝气。这种病其实很常见，对人体的副作用不算很大，严重时一般会有腹部坠涨疼痛、便秘、营养吸收功能差和体质下降等症状。对普通人来说这或许不算什么，但对身体素质有严格要求的步兵来说却是万万不可的。为了能让儿子顺利录取，老隆美尔不惜动用一切资源，专门安排了一场手术，帮孩子解决了这一问题。庆幸的是，手术非常顺利，仅仅过了6天，隆美尔就恢复了健康。这样，1910年7月19日，19岁的隆美尔终于如父亲所愿，穿上了老隆美尔为他购买的那套军官候补生军服，正式进入了军队，成为一名下级军官候补生。

初入军营，他依旧保持着以往的刻苦和勤奋，常常在别人休息时仍然坚持独自练习。他很清楚自己底子薄，既没有当军人的天分，也没有健壮的身体，只有加倍努力，才能不落后于人。在这种信念的支撑下，他不断成长着，还没过半年就被升为军士。他所在部队的上级并不是久经沙场的老将，而是一位年轻的上校。但这位上校却独具慧眼，认为隆美尔将来必定会创造出一番成绩，所以一直等待机会，想让隆美尔去更为广阔的领域提升能力。1911年3月，隆美尔作为优秀军士的代表被上级推荐到了但泽皇家军官候补生学校，以进一步接受全面而系统的军事化学习和训练。这所学校位于德国东北部，被誉为"军官诞生的摇篮"。其实，隆美尔能够来这里读书，很大程度上也是一种机缘。

根据传统的德军军规，只有军校毕业生才能担任军官。而在当时的社会背景下，除非出身贵族或家庭非常富裕，一般人是没有资格报考军校的。按照这样的逻辑，隆美尔实际是没有资格也没有能力去军校念书的。但当时德国已经着手准备争夺世界霸权了，正积极扩军备战，如果遵循过去严格的军官选拔制度，那么军官数量将远远少于预期目标。德国军校只好全面扩招，将招生范围扩展至中产阶级。

隆美尔最终获得了这个宝贵机会。当然，他被成功录取与自身的勤奋努力是分不开的。这所军官学校对他的影响可以说是贯穿其一生的。正是在这里，他开始陷入对军队和战争的"痴恋"。

在这么一座厉害的学校中，自然有不少出身不凡的贵族青年。他们这些纨绔子弟将在家里的坏习惯也一并带了进来，目无法纪，视军令如废纸，甚至夜不归宿，经常受到军务教官的严斥。相比之下，隆美尔则是一个严格遵守纪律的士兵。这与他深刻的自我认识有很大关系。一方面军校严格而专业的军事化训练让他体会到，战士对上级命令的绝对服从对一支队伍的建设具有重要意义；另一方面，他也重视从学校系统的军事理论学习中汲取精神养分，培养自己组织指挥和管理军队的能力。除了书面知识，但泽军官学校还设有实战演习的训练课程。隆美尔最喜欢的就是实战演练课，总是愿意第一个出来接受新的挑战，将演练对手彻底击溃，充分展现军事指挥的学习成果。

在学校时，隆美尔不论是理论学习还是实战演练，他都一直保持着优秀的成绩，成为教官们眼中的好士兵，经常被作为学习榜样而表扬。校方对他的评价是："在射击和操练方面相当出色，体操、骑马可以胜任；但身材中等,体格相当糟糕,而且很虚弱;性格倔强,有极强的意志力和满腔的热情;守纪律、时间观念强,自觉友善、智力过人,有高度的责任感。军官候补生隆美尔是一个能干的军人。"

然而,刚来这所非富即贵的学校时,这位出身平凡的小伙子还是经常会感到孤独,但随着时间的流逝,教官们的肯定让他更为坚强,不再无谓地惆怅。再加上军事训练的项目中,户外运动和操练必不可少,隆美尔根本没有机会独自感伤,而要再次努力"爱上"户外活动。

学校所在地但泽是一个美丽的城市,在异常辛苦的军事训练之余,学生们还乐于感受一下美好的风景,参加各种业余活动。

事实上,驻扎在此的军团经常举办各类舞会,一方面是为了让大家释放日常紧张训练带来的压力,另一方面也提供了让军人们结识姑娘们的好机会。有意思的是,但泽市民向来就拥有崇拜军人的习惯,而当时在任的市长更是一位积极推崇德国扩张的军国主义分子,对于这些联谊舞会之类的活动非常热衷。其实,这样的心理不难理解。时下德国正准备对外战争,除了需要优良的军事装备和优秀的军事人才,还要有充足的兵源。为此,政府方面大力宣传鼓励年轻人早婚多育,并将此作为为国尽责的行为。故当地人崇尚与军人联姻,既是为了追求荣耀,更有一种为国"献身"的姿态。本地姑娘争先恐后地来参加舞会,希望找到一位真命天子,也渴望能因此飞黄腾达。很多已婚女士也赶来凑热闹,争着与年轻军官们跳舞。

和其他人不同,青年时代的隆美尔对自己的私生活也始终保持着严谨的态度,加上他那时性格还比较内敛,平时更是烟酒不沾,过着斯巴达式的禁欲生活，所以对这座海滨城市灯红酒绿的夜生活和所谓的"联谊聚会"并没有表现出多大热情，面对姑娘们大胆地邀舞也只是勉强应付，直至她的出现。那是在一次盛大的舞会上，他偶然遇见了一位妙龄少女。她有着美丽的双眸和娇小的身材，舞技出众，活泼却又不失礼数。隆美尔对她一见倾心，第一次有了怦然心动的感觉。这位少女便是露西·玛利亚·莫林。她并不是但泽人，甚至只是半个波兰人——一名意大利人和波兰人的混血儿。年仅17岁的她当时是被家人送到这里学习德语的。

　　自从遇到了露西，隆美尔像是变了一个人，开始期待着每场舞会的到来。其实，他只是希望有机会多和露西接触。不过，露西生性活泼，对这位外表严肃、一本正经的军人刚开始并不是很喜欢，甚至有些害怕他。隆美尔为了虏获女孩的心，一改以往沉闷的形象，变得积极主动起来，用了各种搞怪的方法来取悦露西。当时，普鲁士正流行着一种追求女孩的滑稽表演方式——戴单片眼镜（眼镜上只装半边镜片），这在军队中是被严格禁止的，但是隆美尔却不顾违纪的危险，在露西面前卖力地表演，把她逗得大笑起来。渐渐地，露西的心开始被融化，她觉得大家只是看到了他的冷酷外表，忽略了他火一般的内心。这样，隆美尔以自己的真诚和独特魅力，一点点打动着心爱的女孩，露西很快就同意与他交往，两人深深坠入爱河。

　　这段相知相爱的时光是他一生中最为幸福的片段之一，但相爱相聚的时光却总是显得那么短暂。8个月后，隆美尔以优异的成绩顺利地从但泽皇家军官学校毕业了。校方对其在校的表现给予了极高的评价，这使他在正式开始军人生涯时获得了满满的动力和勇气。1912年1月，隆美尔获得少尉军衔，重新回到符腾堡第124步兵团。毕业后的两地分隔并没有令他和爱人就此分道而驰，而是通过书信保持着密切的联系。也正是从这时开始，隆美尔养成了一个终生的习惯——只要二人分开，他就一定坚持每日给对方写一封信，哪怕日后在战争最为险恶的时刻，也未曾间断过。"二战"中在北非战场时，隆美尔不仅每天写，有时甚至是一天写好几封。当然，不是所有的信件都能被顺利寄出，但是隆美尔好像把写信当作写日记一般，记录了自己所有的心路历程。"二战"结束后，露西还保存着北非期间隆美尔给她写的1000余封信。不过，这些信后来被盟军搜查走了。值得一提的是，信件的落款全部都不是"隆美尔"，而是写成"你的埃尔文"，所以这些信件一度没被归入隆美尔的相关材料中，而被弄进了一个并不存在的"埃尔文"名下，很多年后才回到信件的主人露西手中。

隆美尔所在的第124步兵团隐蔽地驻扎在一座位于威尔卡登的古老修道院中。这里地理情况较为隐秘而复杂，是军事训练和部队驻扎的极佳场所。新转来的隆美尔在步兵团里主要负责教练新兵，为即将到来的战争培养国家后备力量。上任不久，隆美尔就接到了上级安排的一系列任务。在执行任务的过程中，他表现出非凡的能力和意志，中校对他的表现非常满意，并有意大力栽培他。

在日常工作中，隆美尔的一项重要任务就是向新兵们灌输德意志对外扩张、建立第二帝国的思想。他强调，不论任何情况下，军人必须严格遵从上级命令，捍卫国家的一切利益。在对新兵们加以教育的同时，他自己实际上也受到了极大的影响。他是一个非常有责任感的教官，往往把军事教育的教材背得滚瓜烂熟,以便于在上课时能够流利讲述内容,并灵活应对学生们的疑问。在此过程中,宣教材料里的内容正慢慢灌输进他的脑海里,新兵们和他自己潜意识中的征服欲不断滋长着,德国人对进行一场世界性的大战似乎已整装待发。

不过,他自己并不喜欢修道院带来的肃穆氛围,毕竟每天重复而单一的训练生活已经很枯燥了。另一方面,虽然这座城市的夜生活异常丰富,女孩子们更加开放妖娆,但他丝毫不为所动,花天酒地的生活离他依然很是遥远。对他来说,严格的禁欲生活才能使自己静下心来学习和思考。面对充满诱惑的外部世界,他宁可选择去空旷的野外散步来填充寂寞的内心。当训练工作渐渐走上正轨后,他越来越空闲,于是就利用宽裕的休息时间读书学习。部队驻地不远处有一片茂密的森林,正是在这里他研读了不少科学文化书籍,对军事著作也进行了更深入的研究和思考,特别是对一些著名的战术战例尤其感兴趣,自己崇拜的拿破仑则是重点研究对象。长此以往,隆美尔的军事组织和指挥能力不断得到提升,且在日常操练中慢慢显现出来。

根据近年来某些英国媒体的报道,隆美尔在1913年结识了一位名叫瓦贝卡的女子,还有了个私生女。据说隆美尔是在一次郊外散步时遇见这位女子的。当时瓦贝卡所骑的自行车撞到了树上,车头被撞歪了,向经过的隆美尔求助。这次邂逅后,隆美尔几乎忘记了她。但不久之后,他因为身体不适去教会医院就诊,在这里再次遇见了她。瓦贝卡是医院的护理人员,刚好被调派去照顾他。瓦贝卡被隆美尔效忠于国家的军人气概所吸引，非常赞同他的想法，两人很是默契。或许是因为太过寂寞，加上自己对这个聪颖的女子也确有好感，隆美尔很快就与瓦贝卡有了更为亲密的关系。等到秋天时，瓦贝卡竟然怀孕了。二人都非常慌乱，这个孩子来得太过突然，根本无暇考虑婚姻的问题。况且，隆美尔对露西还是无法忘怀，对自己的背叛感到羞愧不已。在他们商议过后，瓦贝卡决定生下孩子，但不对外公开，由隆美尔负责所有的抚养费用。几个月后，孩子出生了。隆美尔为她取名格鲁特，还时常以叔叔的名义给她写信，亲昵地称她为"小老鼠"。在新闻报道中，这位格鲁特自称与其父隆美尔有近百封的书信往来，而她还曾给父亲织过围巾，被他戴着上战场。同时，露西也知道她的存在，甚至隆美尔死后她与父亲隆美尔的家庭依然保持着密切联系。

当然，这些消息是真是假至今仍说不清楚，因为从没有得到德国官方和隆美尔家人的回应，何况报道中的瓦贝卡也在隆美尔离开她不久服药自杀了。要知道，英军在"二战"时为了打破"隆美尔神话"，曾不断制造出谣言来诋毁他，打击他在士兵心中的地位和形象。而且，他对夫人的深情是众所周知，本身又是一个私生活极为检点的人，所以很多人都不太相信这种传闻。

不管怎么说，这只是他生命中的一段小插曲，不论真假都不影响他后来在战场上取得的巨大胜利。他努力地工作，赢得了团长斯坦因的赏识，曾一度有机会升为中尉。在军队训练的日子很是舒适、安宁，却并未持续太久。从1914年初开始，隆美尔突然感到部队里新来了很多士兵，工作变得异常繁忙起来。军人特有的直觉告诉他，帝国开始行动了，一场大战势在必行。到了3月，他接到了调派命令，赶往驻乌尔姆的皇家陆军第49野战炮兵团报到。这里离隆美尔的家乡已经很近了，借此他和家里人见了几面，打听到了不少外边的消息。

在新的工作岗位上，隆美尔又找到了大干一场的良机。炮兵在战争中往往需要支援和掩护步兵、装甲兵战斗，是非常重要的兵种。一直以来德国方面都非常注重培养优秀的炮兵人才，在相应的装备配置上也投入了大量的金钱，不论是投入水准，还是武器杀伤力都超越了绝大多数欧洲国家。但是，由于缺乏科学的训练方式，炮兵的技能一直没有太大提升，"硬件"和"软件"处于脱节的状态。新上任的教官隆美尔想借此发挥所长，在炮兵训练上做出一番成绩。他力图将理论与实践相结合，一面研究最新的当代军事训练方法和炮兵作战知识，一面针对原有的训练弊端进行改革，将自己研究的最新理论成果运用到实际操练中。

正当他准备大显身手之时，战争已然悄悄拉开帷幕。德国、意大利和奥匈帝国结成了同盟国，英国、法国和俄国组成了协约国，两大军事集团之间的矛盾已经累积到一个一触即发的程度。德国皇帝威廉二世自认为德意志已拥有世界最强的军队，是时候实施计划已久的"施里芬计划"（该计划是"一战"前德国总参谋长冯·施里芬提出的一套作战方案，主要内容是：将德国全部作战兵力分为对战俄国的东线和对战法国的西线，战争一旦打响，东线德军迅速与奥匈帝国部队配合牵制俄军，防守住东普鲁士边境，同时西线部队取道比利时攻入法国，迅速取得对法战争的胜利。计划主要目标是防止俄国和法国同时夹击德国，强调迅速出击，实际是闪电战的前身。）以称霸全球了。

1914年6月28日，奥匈帝国的皇太子斐迪南在塞尔维亚被当地爱国青年刺杀，威廉二世借此鼓动奥匈帝国向塞尔维亚宣战。仅过了2天，德国就宣布全国进入战争紧急状态。

此时的隆美尔正在乌尔姆的战炮团认真思考下一步的训练课程。虽然战争还未波及乌尔姆，但多少影响到了他们的训练进度。战争需要大量合格的炮兵，面对涌进的大量新兵，如何快速让他们掌握基本技能的确是个问题，教官们必须加快训练步伐，况且战火也很可能随时蔓延到这里。尽管战争总是给人类带来无尽的伤害和恐惧，但作为一名军人，隆美尔反而更加期待它的到来。对他来说，战争会给他造就建功立业的大好机遇，对于以往过于安宁的教练生活他早已厌倦了。他需要的，只是一个大放异彩的舞台而已。残酷的战争场景或许也曾触动过他，但最终还是被渴望成功的执念所覆盖。因此，当隆美尔一听说战争爆发后，就高兴得彻夜难眠。8月，随着战争的全面爆发，隆美尔火速向上级要求转到第6步兵团，这样他就能到前线去战斗了。最终他如愿以偿，被任命担任该团第2营第7连的一个排长，率领部队踏上征程。

临行前，隆美尔抽空在科威汉姆和自己的家人见了一面，而这一面实际上只有几分钟而已，在依依不舍间他登上了火车奔赴战场。在日记中，他表达了对未来激动而伤感的复杂情感，因为此去能否归来重见亲人心里根本没底，只能带着一腔热血往前冲。

他所在的部队终于来到了指定地区鲁克斯维勒。这里距离法国边境只有几英里，不比但泽和乌尔姆，是一块环境不太卫生的地方，当地人也不甚友好。更糟的是，当天逐渐黑下来的时候，袭来一阵狂风暴雨。黑夜中从法国边境传来了枪声，对隆美尔来说，战争这才真正开始。

崭露头角——英勇军官立战功

在经历了不安的鲁克斯维勒之夜后，负责西线进攻的第 6 兵团迅速向比利时进发。当德军进入比利时境内后，原本是中立国的比利时终于下定决心加入同盟国，迅速正式对德宣战。

战场的形势正朝着有利于德国的方向发展。比利时根本无法挡住装备精良、来势汹汹的德国军队。德军顺利占领了比利时。随后兵分 5 路，直指法国北部。英法两国早在德军进攻比利时前就开始研究抗击德军的战略问题，可笑的是，直到比利时全境被德军攻占，还是没有采取实质性的军事行动，使得德军几乎没有遭到任何阻击就顺利靠近法比边境，随后攻入法国境内。

9 月 3 日，法国政府在节节败退中被迫宣布撤出首都巴黎，迁往波尔多。英军紧随其后，也是步步后撤。而法军总参谋长约瑟夫·霞飞则开始重新部署军力，准备实施大反攻。德军总参谋长小毛奇得知消息后，趁着西线进攻的顺势，安排巴黎以东逐步转入防御状态，同时从西线部队中抽调2个步兵师和1个骑兵师赶往东线与俄军战斗，4个师继续驻守比利时境内防守，另派3个师专门负责封锁法国边境。

不久后，战争情况再次逆转。在西线战场，德军步兵队伍没有预想中移动得那么迅速，所谓的迂回作战根本无法实现，所以没有力量再集中优势兵力围困法军主力，最终导致法军逃脱了包围圈。德军速战速决全歼法军的战争美梦彻底破灭了。德国第1集团军逐渐撤至马恩河北岸，法国第5集团军和英国远征军则步步紧逼，将德第1集团军包围起来。随后，在这里发生了著名的马恩河第一次战役。从9月5日至12日，在仅仅一周的时间内，双方共有152万人参战，最终法军以死亡2.1万人，受伤12.2万人的代价扭转了德进法退的局面，使得西线战场逐步进入相持阶段。德军总参谋长小毛奇因为统筹全局失误而带来了对德军极为不利的局面，很快就被解除了职务，由法尔肯海恩接任总参谋长一职。此后，双方进行了代号为"奔向海岸"的战斗——争夺多佛尔海峡沿岸地区。由于德军始终无力切断英法联军的供给交通路线，所以双方一直僵持着，该地区的控制权经历了多次易手，始终没有定论。

9月下旬，法军开始对德军进行反攻。在西线战场的隆美尔接受了新的任务。隆美尔接受上级委派的第一个任务是率领排队对郎维附近的村庄进行侦察。其实，在这之前他还连续巡逻了一整天，又不小心吃了一些有毒植物，身体才稍稍恢复，但还是处于十分糟糕的状态。然而，在接到命令后，他没有丝毫的犹豫，迅速带领部下赶赴任务地点。他带领3个士兵独自进村侦察，其余人留在村子附近留守，以备不测。但是，还没等小队进入村子，他们4人就在附近遭到法军的伏击。就这样，隆美尔率领自己的部下第一次与同盟国法军交了火，这也是他生平第一次参与并指挥士兵进行实战。

由于对方是事先埋伏好的，隆美尔这边没有任何准备，一下子被打了个措手不及，只好在村子外围的教堂附近暂时躲避和整顿。隆美尔迅速冷静下来，先用望远镜观察对方人员数量和火力情况。他发现，攻击他们的是一支人数约20人的法军小分队，很可能是与自己的主力部队打散了，即便如此，自己这边只有4个人而已，情况还是极为不利。但是，在观望一阵之后，他觉得他们胜利的希望很大，因为对方并没有后援，而自己的一排兵力就在附近，刚刚听到枪声一定已有所警觉，如果此时再拼尽全力作战，他们一定会赶来支援。他果断地下令全面出击，而且自己始终冲在最前面。

枪声很快传遍了村里的每个角落，村外的留守队伍很快就派遣人员前来帮忙。在猛烈的交火中，隆美尔迅速重新部署兵力。他要求一半人用火力掩护另一半人抱着麦秸靠近敌方所在的屋子，然后点燃麦秸扔进屋子中。燃烧的麦秸释放出大量烟雾和刺鼻的味道，令法国士兵纷纷逃出屋外，使得德军渐渐掌握了战斗的主动权。在这里，他以一支空步枪与三名法国士兵周旋的事迹在军中被津津乐道。在猛烈的交战中，三个法国士兵举手投降了。正当他走近他们三个，准备卸下对方武器时，这才发现自己的弹夹内早已空空如也。不过，隆美尔没有显露出任何慌张的神色，而是继续按照正常程序接受对方投降，始终用没有子弹的枪指着三人，同时喊来不远处继续搜索的其他同伴。三名被唬住的法国士兵就这样被没有子弹的隆美尔给俘虏了。最后，德军以人数优势夺得了战斗的主动权，法军意识到寡不敌众，便实施撤退希望保存实力以便日后再战。在稍事休养后，隆美尔又率领部下在村庄中围剿残余的法军，直到完全占领这个村庄。在双方对峙至高潮时，冲在前方的隆美尔不幸左腿中了一枪，却始终不发一言，简单包扎后，继续忍住疼痛反击，直至战斗结束。这场村庄遭遇战隆美尔打得非常精彩，他因此获得了一枚二级铁十字勋章，其勇猛、先发制人的作战风格在西线德军中被传扬开来，名声迅速扩大。

自12月起，德军在西线的进攻遭到了前所未有的阻击，两方各自建筑战壕，开始进行拉锯式的阵地战，旷日持久的西线战场上，阵亡的战士越来越多。1915年初，隆美尔的腿伤才得以痊愈。出院后，他重新进入第124步兵团。当时，第124步兵团还陷在阿贡纳斯森林里，与法军僵持着。隆美尔到任后，在充分分析双方实力和战场形势后，立即向上级打了报告，请求带领一队人马主动向对方发起进攻。这是他先发制人战术思想的又一体现。

在他的请求得到批准后，隆美尔带领小分队出发了。为了出其不意，他们选择爬过百米长的铁丝网，直接闯入法军的主阵地，一鼓作气地占领了法军的4个地堡。接着，他们又以这些地堡为基地，顺势打退了法军一个营的反扑。被一个德军小队就打得如此狼狈，法军指挥官感到又羞又恼，一心想来个大围剿，消灭这支突击小队。隆美尔虽然喜欢先发制人，但是眼见小队的实力的确无力与法军大部队对抗，便在对方反攻前就撤回营地。在这次突击战中，隆美尔以损失12人的代价重挫了法军，打击了敌方的士气。他的勇猛和机智受到上级的肯定，也因此被授予了一枚一级铁十字勋章。他成为第124步兵团中唯一一位获得如此殊荣的中尉。当然，荣誉降临的同时也连带着责任和危险。没过多久，他的腿部又再次受了枪伤。但是，这一切似乎都是值得的。阿贡纳斯森林突击战之后，隆美尔开始总结以往的实战经验，逐步建立了带有自我风格的战斗模式，即只要有一丝时机，都要先发制人，出对手之不意，必定能夺得初步胜利，取得战争主动权，此条战术定律百试不爽。事实上，在他之前，德军统帅中并没有这样积极进攻的习惯。隆美尔对建功立业是那么渴望，总是想冲在最前面，形成如此鲜明的个人风格似乎与他这样心态也有一些关系。

在他率领的队伍中，所有的部下都以他为榜样，表现出深深的敬佩之情，且忠心耿耿。隆美尔能够获得如此高涨的人气，主要原因是他能和士兵们同甘共苦。战斗时，他总是和他们一样冲在前线，不顾生死；受伤时，从不感到恐惧和害怕，而是信任战友，共同突出重围。与其他高高在上的指挥者相比，士兵们更喜欢隆美尔这样不摆架子、不怕牺牲、英勇无畏的真汉子。据他的部下回忆，看到隆美尔的第一印象可能会认为他是一个文弱书生，但与他相处之后一定会大吃一惊。他总是流露出一种渴望进攻的急切心情，面对种种险境，从不畏惧退缩，身边的人渐渐地都被他的激情所感染，成为不怕流血的战士。

在隆美尔指挥下，他的部队取得了不少胜利，这也是部下对他无限崇拜的重要因素。他似乎总能看穿敌方的用意，做出不同寻常、甚至看似荒谬的作战计划，常常拯救队伍于绝境之中。

1915年初，土耳其战场上的战斗进入白热化阶段，对阵双方分别是英俄联军和德军。而这里正是隆美尔一心向往的地方，因为他不愿待在没有进展的西线战场上，他甚至提前学了土耳其语，以备不时之需。但他的心愿始终未能实现，一直被安排在法国境内战斗。当然，这并不意味着他表现不够好，相反，因为各方面都表现突出，他于1915年10月被推荐调派至伍尔登山地营第2连担任指挥官。

伍尔登属山地要害区域，易守难攻之地，德军决定在此建立专业山地部队以对抗法军的进攻。因为此地地形特殊，军队根本无法实现整体作战，而是需要把各个连队分开散布在山地各处，让连队在战争中各自单独灵活运作，使得军队的每个部分都能发挥所长。根据战局变化，机动、灵活地调配队伍，这正是隆美尔所擅长和喜爱的事情。所以，虽然没被派到土耳其使隆美尔感到有点失落，但在了解到新任务之后，他开始兴奋起来。在这种山地突击部队中，他将有更大的指挥空间，充分展示自己的军事才能。在如此兴奋的念头下，他很快适应了新的战斗环境。在伍尔登，他们所要面对的敌人是一支疲乏不堪的法国军队。由于这里地势高，对防守的德军来说非常有利，法军攻打数月也毫无结果，士气受到很大冲击。隆美尔认为这时正是发起反击的绝佳时机，便带着一个连队击溃了法军的最后一次进攻，把敌方打得晕头转向，此后半年都没有进行过一次大规模进攻。也正是在这次的绝妙反击中，其出色的指挥水平和灵活的战术方式得到大家的一致赞赏，在山地营中获得了较高的声誉。

对隆美尔来说，除了在战场上建功立业，露西也成为支撑他奋战到底的精神支柱。在训练之余，当其他士兵军官在风月场所吃喝玩乐，与那些风尘女子混在一起时，他时刻记着露西，不断地给她写信，除了倾诉相思之情，还喜欢谈一些战场的事情，描述自己的远大抱负。由于他们分别之时隆美尔还未在军队中作出成绩，所以双方并没有向自己的父母告知对方的存在。隆美尔在部队还好，露西还要借助朋友的名义才能给他回信。一天下午，露西心血来潮，拉着好朋友去拍了一张照片，并在照片背面写了一首情诗，随后便寄给了远在他乡的爱人。隆美尔看到照片中美丽的露西和那首情深意切的诗歌，内心忽然感慨万千。经过慎重的考虑之后，他认为驻地目前的战事已基本稳定，到了可以解决自己终身大事的时候了，他立刻打报告请求上级给假，他要去向露西求婚。

在获得上级同意后，他买好了带给露西和她的家人的礼物，兴高采烈地去女方家拜访。早在隆美尔还在但泽军官学校时，露西的家人就曾与他有过接触。不过，在他们看来，隆美尔书生气太重，身体不够壮实，不会有什么大前途，所以根本无意让女儿与他深交。然而当隆美尔佩戴着两枚铁十字勋章站在他们面前时，他们都不由得惊呆了。那时候露西已经 25 岁了，按照那时候的标准，早该结婚生子了。但是从但泽回来之后，她一直对大家安排的相亲活动敷衍了事，让家里人非常头疼。他们都没想到，这个不被看好的年轻人就是露西的所爱，两人的恋情还坚持了那么久。隆美尔在露西的家人面前许诺，将一生一世只爱露西一人，希望他们能答应让他俩结合。露西也恳求家人同意，表示此生非隆美尔不嫁。大家见隆美尔已在部队小有成就，二人又情投意合，就应允了这件婚事。

1916 年，隆美尔所在的部队已被调至罗马尼亚战场。在这里，德军与俄军间战斗异常激烈，战事随时都会爆发，战争形势百转千回。所以，上级只给了隆美尔一个月的婚假。也就是说，从求婚到结婚他们只用了一个月而已。在这一个月中，隆美尔和露西忙得晕晕乎乎。结婚事宜相当繁杂，要找地点、列名单、发喜帖、布置新房等等，毕竟结婚是终身大事，容不得一丝马虎。虽然很辛苦，但这对新人却感到前所未有的幸福。11 月 27 日，在隆美尔与露西相识相知的但泽，他们举行了结婚典礼。婚礼被安排在露西父亲的叔父家举行——那是一座坐落在海边的美丽庄园，典礼成了当地的盛宴。虽是新婚宴尔，但假期一过，隆美尔就告别了心爱的妻子，重返战火连绵的第一线。

1917 年 1 月，他被上级命令指挥一支山地先遣队，专门执行各类冲锋任务。这些队员都是从各连队选取的精英分子，所以能够很快适应隆美尔机动灵活的作战方式。先遣队有时还要独立作战，这大大便利了隆美尔发挥超强的突袭战斗力。一次，他率领小队趁夜色混入罗马尼亚营队后部的村庄中，在寒风阵阵的田野上潜伏了好几个小时。待到深夜之时，敌军戒备最为松懈的时候，他才下令发动突然进攻。睡梦中的上百名罗马尼亚军官甚是惊恐，连枪都来不及摸，就被迫缴械投降，莫名其妙地当了俘虏。这场战斗发生后不久，隆美尔及其所属部队就奉命前往法国。在法国，人们对军队的接连败退极为不满，连士兵们都开始抗议，而本应成为领导力量的国家内阁却无力解决内忧外患，只能向英国政府求救。西线战场的形势越来越复杂起来，第一次世界大战全面进入相持阶段，欧洲各地硝烟袅袅，各方渐现疲态。

1917年8月，德军加紧了东线攻势，隆美尔所在的营被调遣到俄国前线。8月10日，在重新走上战场后的第三天，他又再次负伤，一颗子弹从他身后穿过了手臂。和往常一样，他始终没有离开战场，而是带伤战斗了2星期之久。

转眼到了10月，隆美尔所部被调往意大利北部。这里是地理要塞，意大利和奥匈帝国正进行着激烈的争夺战，交战已达10次之多，意大利军渐占上风，奥匈帝国只能求助于盟友德国。为此，德国组建了由奥托·冯·贝罗将军指挥的第14军开往伊松索前线进行援助，隆美尔他们正是在这样的情况下来到意大利的。正是在这里，隆美尔参加了第一次世界大战中著名的德意奥伊松索会战。

意大利北部地区是典型的山地战场，这里到处是耸立的高山和骇人的峭壁，制高点分别位于蒙特山、库克山、科罗佛拉山脊和第1114号高地，这四处的地理位置较高，被上万名装备精良的意大利士兵所把守。为了攻下这些据点，德军指挥官贝罗将军向全体士兵承诺，不论谁在夺取上述目标的过程中表现突出，都将会获得最高级别的勋章。面对如此诱人的奖赏条件，所有人的战斗热情都被瞬间点燃了，隆美尔亦不例外。他带领着所辖部队率先向1114号高地进发。他们即将面对的是以混凝土为建材的炮兵军事基地，如果光有枪手做掩护进行正面进攻，那么几乎就不存在任何能够取胜的可能。所以，隆美尔又故伎重施，以迂回突击为主要战术。在经过一段时间的侦察后，隆美尔在对方的防御工事上发现了缺口。以此为契机，在经过精心准备后，在进攻的前几天，他们趁着夜色悄悄顺着峭壁，攀爬越过重兵防守的地区，直接绕到意军在此的前沿阵地，准备在此发动突然袭击。

那是一个晨光微露的清晨，他的先头军率先攻打了意军防线的前沿部分，然后顺藤摸瓜，直指敌军内部要害。德军的突然出现使得意大利人慌乱不已，心理受到很大打击，来势汹汹的德军很快在心理和军事上占据了优势。在战斗过程中，意军原想躲进沟壑中暂时躲避猛烈的火力，但德军的另一部分人马也向他们冲了过来，与隆美尔部相互配合，让他们失去了喘息的机会，只得举手投降。随后，隆美尔的部队仅用了3小时、1名人员伤亡的代价攻占了守卫森严的蒙特山主峰。隆美尔在这场战役中充分发挥了自己的军事指挥才能，所属部队的战斗表现非常出色，但是他们却没有得到任何奖励。原因是舒尔纳中尉所部率先占据了科罗佛拉山脉的要害——第1114号高地。对此，隆美尔当下保持了沉默，但实际内心是异常郁闷的。要知道，为了这场战役的胜利，他们连续几夜在攀爬的都是悬崖峭壁，当时还下着雪，道路十分湿滑，稍有不慎就会发生意外，况且他们还是负载武器的军人。冒着这么大的危险，取得了如此之大的成绩，功劳却被他人所占，他的心里怎么能平衡呢？

上级的不公正做法令隆美尔非常不满，但却丝毫没有影响到他对战争的疯狂热情，很快他就投入到新的战斗中了。作为部队的先遣军，他一直奔走在前线，按照指示继续追击逃散的意军部队。其实，虽然他们没有得到应得的勋章，但他们的英勇战绩早已在德军内部传扬开来，建功立业、荣誉勋章那是迟早的事情。

11月7日，隆美尔所在部队攻克了一座千米的山峰，并连续抢占了几个重要隘口。接着，他们沿着所占道路，慢慢向意大利山地防御体系的"心脏"之地隆格诺恩镇进发。该镇连接着意大利的西、南、北三个方向，战略地位可想而知。想要进入镇子，瓦杰特峡谷是必经之道。峡谷上仅有一座吊桥作为连接通道，下方深达150米。不过，在这里德军并没有遇到太大的阻碍，很快就通过了峡谷。但是，在距离隆格诺恩镇半英里的皮尔弗河这里，他们遭遇了意军交叉火力的威胁。德军曾想突击过河，无奈另一端的机枪火力实在过于迅猛，强渡根本行不通。在双方较量几次后，用来过河的唯一桥梁也被炸毁了。

一直冲在前方的隆美尔，慢慢冷静下来，命令先遣队先从桥头撤了回来。他用望远镜观望了对岸形势，发现大批意大利士兵正沿皮尔弗河下游向南部逃窜，镇子里准备撤走的人员和装备十分混乱，拥挤不堪。他立即带着机枪排来到下游，在对岸等待突击的机会。当天色渐暗时，他不顾河水湍急而冰冷，让18名机枪排的士兵直接涉水过河。士兵们冷得缩成一团，但还是按照命令，在南岸建立了战斗基地。等到夜幕降临之时，他又让全连官兵照样渡了河，准备潜伏在意军准备撤退的南部公路上。不过，因为有两个排在穿过镇子时不小心遇到了意大利军设置的街垒，而意军发现对方是只有25人小分队，所以奋力追击他们，引发了一场激战。德军小队放火烧了镇子里的房屋，造成意军被围困的假象才得以冲出重围。然而德军损失惨重，所以隆美尔只好带人暂时撤回岸边。当他回到河岸阵地时，大部队中的好几个连已经开始渡河了，奥军的一个师也已赶来。有了后方的大力支援，隆美尔再也没有任何顾虑了。他让机枪排为自己的突击队作掩护，直接到镇子的南部公路上去围堵意军。隆美尔率部沿着一条山路连续行军50小时，才到达目标地点。

在黑暗之中，原本预备撤出镇子的意大利人在途中遭到了隆美尔部的突然袭击，军心涣散的他们当然不是德军的对手，纷纷缴械投降，人数有800人之多。与此相对的是，德军在交火中仅牺牲了13人。

隆格诺恩镇战役是隆美尔在第一次世界大战中的最后一战，也是最让其大放异彩的一战。在这场战争结束的1个月后，德皇威廉亲自授予隆美尔一枚镶金灰蓝色珐琅质地的奖章——蓝色马克斯勋章。这是德国政府对军人的最高褒奖，专门用以奖励他在攻克蒙特山、占领隆格诺恩镇中的卓越表现。

在第一次世界大战中，隆美尔还只是个小军官而已，对整个战争形势的影响和作用是非常有限的。然而，这段时期的战争经历却对他后来的人生产生了巨大的影响。首先，在一次次实战中，他逐步形成了一套自己的作战风格。他很喜欢出奇制胜、先发制人，经常用较少的兵力去制服对手的重兵，不太注重传统的战争规则，敢于凭直觉出手；二是不断积累经验，充分适应战场多变的形势。隆美尔灵活多变的指挥风格，并不是完全随性而来，而是通过在战场前线的长期观察，基于充分的思考，从丰富的实战经验中而来。实战战场复杂多变，跋山涉水，冰天雪地，只有经历过的人才能知道如何利用天气和地理环境来展现军事优势；三是造就了《步兵进攻》这一优秀军事著作。"一战"之后,隆美尔将以往的战争经历和经验加以概括总结,写成了《步兵进攻》一书,进而成为其被希特勒所注意的引子,改变了自己的后半生。

与他同一时期出现、形成鲜明对比的是蒙哥马利——未来与他旗鼓相当的对手之一,二者都曾在法国战场上奋勇杀敌,都曾差一点一命呜呼。不同的是,隆美尔不管受了多少次伤,都会再次坚持回到前线,转战各国,并多次获得勋章,而蒙哥马利最后则回到后方当了参谋,开始反思在"一战"中的失败战役,力图在指挥方式、战略研究上总结出经验。二人具有不同的选择方向,深深体现在第二次世界大战双方的较量中。

总之,"一战"成为隆美尔初露锋芒的平台,但战争总会结束,他的春风得意并没有持续太久。1918年德国战败,签订了《凡尔赛和约》,在国内仅能保留10万陆军,随即德国开始大规模裁军,可以想象当时的隆美尔会有多么沮丧。

相关链接:

容克87型俯冲轰炸机

容克87型俯冲轰炸机,即Ju-87型轰炸机。该机型于1935年被投入使用,直至第二次世界大战结束,是战争期间德国空军的重要装备之一。希特勒掌权后,德国开始无视《凡尔赛和约》的限制,鼓励国内飞机制造商积极参与政府的军用飞机研制工程。在众多的实验中,容克公司研发的Ju-87备受瞩目，因为它操作步骤较为简单，飞行员能够迅速上手，还具有较为精准的投弹率。

Ju-87最大的特征是拥有一对弯曲的机翼及其俯冲时发出的呼啸声。它那独特的呼啸声给地面敌军造成了极大的心理压力，起到了外部震慑的心理战效果。内部的座舱盖右部装有一个角度显示器，使得飞行员可以根据角度和高度，随时调整俯冲精确度。1936年西班牙内战爆发，容克87型俯冲轰炸机获得了初次登场的机会，并最终验证了其强大的威力。自此，德国开始大批次生产该型号轰炸机。在第二次世界大战初期阶段，德国在欧洲战场发动闪击战时它发挥过巨大作用。非洲战场开辟之后，Ju-87又被广泛应用于此，充分发挥了其优良的对地轰炸能力。

B1重型坦克

第一次世界大战后，法国陆军损失惨重，新式坦克所剩无几。针对此况，法国政府于1921年开始支持军方研制多用途坦克，即在原有的坦克设计基础上，按照作战需要分装有机枪的轻型坦克、安装加农炮的重型坦克和榴弹炮的自行火炮三类。经过武器制造商雷诺公司的长期研究和设计，最终打造出了著名的B1重型坦克（Char B1系列坦克）。这种坦克迅速代替了"一战"时期遗留下来的老式坦克。B1重型坦克最初设计，装甲厚度有25毫米，装备了一门75毫米的火炮和两挺机枪，专门负责支援步兵作战。后来经法国军方的改进要求，装甲厚度被增至40毫米以上，内部增加了无线电通信设备，以适应现代战争的需要。然而，随着德国进攻势头的迫近，还未来得及走上战场的 B1 重型坦克又再一次进行了改造,成了 B1 Bis 型坦克。经过改造,坦克重量已达 32 吨,发动机功率超过了 300 马力,炮塔和加农炮都成了最新式的,还配备了穿甲弹。

复原浪潮——潜心钻研暂沉寂

德国在第一次世界大战中的失败为这个国家带来了极为屈辱的《凡尔赛和约》——不仅陆军数量要大幅度缩减,海上也只能保留巡洋舰而已,此外还要面对2260亿马克的巨额赔款。政治局面陷入一片混乱,德国皇帝被迫流亡至比利时,国内自由主义盛行,军人的地位受到前所未有的冲击,被人们作为"失败者"而嘲笑。不过,隆美尔还是够幸运的。德国陆军虽然被强制削减,但西欧国家为了防备俄国的布尔什维克政权向西方扩张,还是让德国保留了一部分陆上军事力量。隆美尔在"一战"中的优异表现使他免于成为被裁军人中的一员,还因战功升任为上尉。1918年1月7日,他接受了部队建议,回到德国休养身体。令人惊奇的是,在国内民众对战争失败还处在低迷状态之时,隆美尔踏上德国国土后,还是得到大家的隆重欢迎。

面对国内军人尴尬的发展空间,隆美尔并没有感到沮丧,更没有想过离开部队去另谋生计。儿时机械工程师的职业愿望早已被军人所取代,让他离开部队就好像是根离开了土,失去了生存的基础,因为他已经完全习惯军事化的工作和生活模式了。几个月之后,他被调配到驻守佛日山脉以东区域、专事保卫阿尔萨斯的第64集团军,在这里专任参谋官。参谋官的工作是相对轻松的,在战争中不必到最前线,只需做好战局的整体谋划即可,但隆美尔却对这次的提升非常郁闷。热衷于在第一线作战的他很遗憾自己没能回到山地部队,对他来说,新差事太过无聊,根本无法展现军事水平。不过,不满归不满,他并没有向上级提出异议。在当时的情况下,连许多身有军功的军人都可能随时被遣送回家,能获得一份在高级司令部任职的好职位是多么令人羡慕。其实,就算被分到山地部队,隆美尔也不一定会感到兴奋。因为战争刚刚结束,百废待兴,没有人希望政府再搞什么军事行动。况且德国军队受到其他欧洲国家的强力监视,绝大部分军人除了正常的操练之外,也都没有什么事情可做。

"一战"过后,德国军队管理条例被无限放松,军官们可以将家属带在身边。像隆美尔这样的机关人员基本上每天都可以和家人一起,享受到普通人的家庭生活。隆美尔很爱妻子露西,所以和她在一起的日子逐渐填补了内心的苦闷。露西的好友在晚年回忆时,这样评价他对妻子的爱:"隆美尔把露西宠得几近骄纵,他挂在嘴边的话就是'最亲爱的露西,有什么要求你就说吧',到后来,简直把她宠得像一个泼妇。如果她不喜欢她的哪个女伴,其他人就必须一起排斥。"

在20世纪40年代曾发生过这么一件事情。露西与隆美尔部的参谋长高斯之妻长期不和，在露西的强烈要求下，隆美尔竟然不留情面地撤销了高斯的职务，任命斯派达尔为新参谋长，而正是这位新参谋长将隆美尔卷入刺杀希特勒的政治风波中。当然，这些都是后话了。不管如何，与露西的甜蜜生活多少抵消了隆美尔低潮期的百无聊赖，让他忘记当前的烦恼。露西是他一生的至爱。作为军人，他热衷在战场挥洒热血，但这不会使他对露西的爱减少一分，她热衷是他最牵挂的人。在很久之后的回忆中，他表示露西已经成为自己生命的一部分，背叛她等于背叛自己的生命。

和平时期的军队参谋官一般只需要做一些基本的文案工作，这些显然与隆美尔之前的军队生活是完全不同的。他发现自己内心深处始终有一股渴望指挥的念头，无论如何都难以散去。1918年末，他终于找到了可以调动的时机，急忙向上级请求到连队培养新人。上级很快作了批复，把他调到斯登卡德的步枪连去做指挥。没过几个月，他又作为经验老到的军训官被派往康士坦士湖地区教导一个内务安全连。这里的士兵是一帮目无军法，无视上级的军队流氓，开始的时候非常不服管教，拒绝隆美尔的操练指示。他们哪是隆美尔的对手？隆美尔用军法严惩了带头的几个人，杀鸡儆猴的方法很是奏效，很快连队操练就步入了正轨。

此时的隆美尔还是一个对政治和党派丝毫不感兴趣的职业军人，在他眼中，服从上级、为国家冲锋陷阵才是自己的职责所在。在这段沉寂的日子里，他并没有闲着，而是潜心于学习之中，将过往的实战经验与前人的理论成果相结合，完善自身的军事理论修为，以适应现代战争的需要，实际为他在第二次世界大战中施展拳脚奠定了基础。除此之外，他又重拾起少年时代钟爱的机械学，开始运用于军事武器的设计中。他研究了机枪的使用原理，再辅之日常的训练，逐渐变成一名熟练的机枪手；通过将机动车分解拆离，了解了内燃机的运作过程，希望借此改造武器，提升军备的战斗值。应该说，少年隆美尔的梦想已经通过另一种方式得到了实现。

在操练和学习过程中，他对下属总是十分严格，希望能将自己的所学传授给他们，最终培养出更多优秀的军事人才。不过在私下生活里，他与士兵们相处得很融洽，不像其他军官高高在上，而是愿意和他们待在一起，有时给他们讲讲当年参战的往事，有时帮助他们举办舞会，丰富业余生活。士兵们听闻他光辉的战绩都很佩服，私下很愿意和他交流。

在家庭生活中，他和其他男人一样，不愿也不会做任何家务。但他开始尝试学拉小提琴，以此感受音乐的魅力；还常常用摩托车载着露西去意大利，沉浸在过往的战绩中……1928年的圣诞节前夕，他的儿子——也是他和露西唯一的孩子——曼佛雷德来到了这个世界。从此，他的生命里又多了一个重要的人。

"一战"后的德国军队实际上已经进入漫长的休整期，德国政府只能将军队建设的重点放到士兵训练上，所以作为优秀教官的隆美尔频繁地被调动着。1929年10月，在营指挥官的举荐下，隆美尔被调往德雷克斯顿步兵学院任教官。上司对他的工作表现很是满意，认为他有着丰富的作战经验和惊人的战术直觉，教学认真，是一名优秀的军事训练官。

的确，对待教学工作他总是兢兢业业，倾注了所有心力，不论是教学方法，还是教学理念在校内都是独树一帜。这所学校存在的目的是培养年轻的德国军官，学生未来都是要担任中尉连长之类的职务，所以是一个十分重要的教学基地。针对这种情况，隆美尔非常注重对学生军事指挥能力的培养，将实战经验尽可能地传授给他们。为了让学生们充分了解在地理条件极为复杂的山地如何战斗，他将曾经在罗马尼亚和意大利战斗的故事作为授课实例，又亲手绘制了不少地形图，把战争的整个过程和形势发展状况生动而细致地展示了出来。授课之余，他继续潜心研究军事学，军事理论水平又达到了新的高度。同时，他考虑着自己应该写一些东西来总结当前积累的理论知识和实战经验。

隆美尔还愿意帮助那些比较弱势的学生。在军事实践课中，他发现有几个性格内向的学生总是躲在人群后面，不愿主动接受任务、迎接挑战。为了让他们打开心房，激发内心的斗志，他故意安排他们与班中实力最强的人成为对抗赛的两方，希望他们在失败的痛苦中逐渐觉醒过来。当然，他成功了。这些"弱者"在他的激将法下，终于战胜了自我，不再萎靡不振。他虽以严厉刻板而著称，但学生们却都喜欢听他的课程，因为知道他是真心关心他们，想要教会他们真本领。

1933年10月，隆美尔升任为校级军官，前往驻守在德国中部哈茨山区戈斯拉堡的第17步兵团，在第3营当营长。临行前，他的同事们纷纷来给他送行，表示不舍。后来，这里的一位高级教官回忆与隆美尔共事时的场景，对他的人品做出了高度评价，认为他是一位十分优秀的战术教官，始终恪守职责，受到同事和同学们的一致认可。

一到第17团，隆美尔就收到了其他营部军官爬山、滑雪的邀请。乍看之下，这似乎是表示友好的举动，但是隆美尔却看出了个中深意——

在这山势险峻之地，对于初来者来说这些可不是什么好的联谊方式，这根本就是想借机给他个下马威。不过，他们还不知道隆美尔在山地部队带过兵，打过仗，这些根本就是小菜一碟。于是，他痛快地接受了邀请，还趁机教训了他们一把。隆美尔和这些养尊处优的军官共同攀爬上山，随后滑雪下山，可是他借口没有玩过瘾，要求他们陪他往返了好几次，让他们累得够呛。等到第4次登山时，有人终于受不了了，请求隆美尔结束这次行程。在新的工作岗位上，他的表现也十分出色。他所带领的第3营人才辈出，个个都是闪电战、山地战的好手。由于隆美尔喜欢骑马挎枪在森林里像猎人一般游荡，而他的下属纪律性强，非常遵从其意志，已成为"隆美尔营"，所以他的营私下被人们称为"猎人营"。渐渐地，大家都见识到这位身材不壮、个头不高的长官的本事，再也不敢轻视他了。

即便隆美尔在教官的位置上待了很多年，取得了如此多的成绩，都不能磨灭他作为一个军人，对战斗和军功的狂热追求。他一直在等待一个可以让他重新在战场上建功立业的机会。

1934年1月30日，这是德国历史上最为黑暗的一天。就在今天，希特勒正式成为了德国总理。魏玛共和国最终走到了尽头，这个国家由共和国时代迈入了法西斯专政时代，在法西斯政权的控制下，开始了扩军备战的历程。身在军中的隆美尔也感受到周围不寻常的变化，认为重振德军神威，自己大展宏图的日子即将到来。

德国总统兴登堡

1934年初，纳粹内部发生了首次分裂。纳粹冲锋队队长恩斯特·罗姆要求将国防军与冲锋队合并，引发了德军陆军部的强烈反对，希特勒亦对此十分不满，杀心渐起。1934年6月，希特勒采取突然行动，主导了法西斯政权的第一次血腥屠杀。不仅罗姆本人被杀，其所领导的冲锋队也被加以清理。罗姆的覆灭使得德国正规军万分欣喜。因为人数众多的冲锋队当时实际上已经是罗姆的私人军队，在纳粹争夺国家权力的过程中作恶多端，还不把正规军放在眼中。隆美尔当然对此也是感到高兴，认为希特勒为国家除掉了一大恶瘤。现实是，希特勒的动机根本没有那么单纯。在这次清理行动中，他还借机屠杀了许多反对法西斯政权的政敌和社会人士。对于这场屠杀，隆美尔曾对部下表示，总理根本没有必要如此，可能他本人还未意识到自己已经具有强大的权力，否则，他就会选择一种更温和且合法的处理形式来行使权力。不管怎样，他对希特勒的这一行动仍然是非常赞同的，这使得国家军队的地位得到迅速提升。

隆美尔和希特勒第一次面对面相遇是在1934年的秋天。当时隆美尔仍在步兵营担任营长，恰逢希特勒来驻地附近视察，隆美尔被任命为此次视察组织保卫工作。按照惯例，希特勒也视察了军队。在阅兵场上，隆美尔的部队给希特勒留下了深刻印象。视察结束后，希特勒特意接见了他，并与他合影留念。初次见面只能算是例行公事，希特勒对这位保卫官并没有什么特殊的感觉，而对政治派别还不甚敏感的隆美尔也没有感受到对方对自己未来命运的巨大影响。然而不可否认的是，希特勒上台后的种种政策给隆美尔带来了新的希望，所以他对希特勒是怀有感激之情的。再加上希特勒那极具煽动性的演讲辞令，和其他德国人一样，隆美尔也渐渐沉浸在希特勒所描绘的"理想世界"里。这场阅兵式和会见活动深深印在了隆美尔心里，令他更为卖力地从事军中工作。

这次会面也不完全是无意义的。在这次任务中，他结识了专门负责纳粹宣传的戈培尔，并有了初次的互动。当时"罗姆事件"的风波还未平息，在冲锋队基础上新组建的党卫军和国家军队之间仍是互看不顺眼。新上任的党卫军主管希莱姆非要在负责守卫的军人中安插党卫队员，遭到隆美尔的谢绝。在隆美尔看来，这简直是对军队的侮辱。这时，戈培尔站了出来。通过他从中调解，希莱姆终于放弃了之前的主意，使得隆美尔对他好感倍增。不过，戈培尔之所以这么做是夹杂一些个人目的的。他想用这件事作为宣传军队、提升军人地位的切入点，为希特勒下一步扩充军队、发动战争打好舆论的前哨战。当然,他对隆美尔尽忠职守的工作态度也是非常满意,认定他是可用之人,想在时机成熟之时,向希特勒推荐这位人才。自此,隆美尔和戈培尔结下了不解之缘,其后来的升迁与戈培尔的大力举荐有密不可分的关系。

纳粹宣传部长戈培尔

法西斯政权下的德国加速了扩军备战的步伐,仅波茨坦当地的陆军学院,几个月内就被塞进了数万的青年军官。1935年,为了缓解该校的教学压力,隆美尔被派到这里任职。波茨坦陆军学院是一座具有辉煌历史的重要军官培养基地,能到此担任教官,隆美尔感到非常开心。他还写信给妻子,让她和儿子搬到学院附近居住,这样他可以随时见到他们。

此时的曼弗雷德已经8岁了。为了把儿子培养成一个勇敢的人,他干了不少可笑的事情。他强迫儿子在没受过任何训练的前提下去高台跳水，最后因为孩子大哭大闹而放弃。他还把儿子带到学院里去学骑马，但曼弗雷德的脚太小了，成人使用的马镫根本无法固定住孩子的身体，还没等人坐稳，马就撒腿跑掉了，而曼弗雷德就一只脚卡在马镫上，直接被拖走了。好在最后孩子没有大碍，隆美尔松了一口气，却再也不敢让孩子骑马了，还让儿子对露西保密，不要说出这件事，否则他可免不了被埋怨。他的儿子最终没有如他期望的那样成为一名军人，而是当上了斯图加特市的市长。

学院的训练越来越紧张起来，学生们被要求每天早上都要进行长达2个小时的体能训练。曾有一些学生向隆美尔反映训练时间有点长，反被他大骂一顿，认为他们缺乏军人应有的坚韧精神。他不仅要求学生们养成不怕吃苦的性格，还要求他们能有独立的人格，不过分依赖于纸上的教学理论，应当根据战争的变化灵活运用。除此之外，他还向他们强调军功荣誉的重要性，指出军人应将荣誉当成生命一样珍惜，这实际上是他内心的真实反映。由于过于迷恋军功，隆美尔有时忍不住对周围获得功勋的人心生嫉恨，总认为自己能够做得更好。他对特权阶层很是鄙视，认为应当以德才论功行赏，不应以家族背景决定身份地位，这一点也反映到他对不同家庭来源的学生的态度上。

1936年9月，恰逢希特勒大本营缺乏警卫官，隆美尔获得了顶任该职的机会。此时的他已经当了9年的教官。隆美尔上任时，希特勒早已忘记之前与他会面留影的事情了，但是对这位新上任的警卫官还是相当满意的，特别是经过几次事件后，隆美尔对他个人表现出了极大的忠诚，由此引发他对这位上尉产生了极大的好感。

一次，纳粹党上层聚集在纽伦堡开会，隆美尔是负责保护希特勒的警卫指挥官。当时希特勒心血来潮，想要单独乘车出去走走，不想周围围着太多人，便要求隆美尔拦住尾随的人群，随行的车子也不能超过6辆。那个时候，希特勒已经成为德国最有权势的人，总是有无数的高官贵族跟在屁股后面拍马，这个任务执行起来可不容易，很容易得罪有权势的人。但是，隆美尔是一个视军令如山的人，对这些权贵一向就看不顺眼，所以他不顾别人的好意提醒，按照命令驱散了围在希特勒住处的人，并且在车子经过的道路上设置了路障，防止非警卫的车子跟在后面。他甚至从军中调了两辆坦克停在路中间，把道路彻底堵死，彻底让拍马者死心。就在当天晚上，希特勒把隆美尔叫到身边，大大赞赏了他的尽忠职守。这使得隆美尔在希特勒头脑中第一次留下了比较深刻的印象。

1937年2月，隆美尔开始担任希特勒青年团作战部的特别联络官，主要任务是帮助青年团开展初级军事教育。他提议由军中青年中尉对口培训青年团成员，但遭到青年团主席冯·希拉赫的婉言拒绝。这位年仅29岁的青年领袖并不喜欢整天大谈军事的隆美尔——其实是害怕自己领导的450万青年变成军队的附属品。隆美尔还不知其中涉及政治权力斗争的微妙之处，自然无法顺利开展工作。不过，这丝毫没有影响到隆美尔的个人前途。

真正让希特勒对隆美尔刮目相看，是因为《步兵进攻》一书的巨大成功。《步兵进攻》是隆美尔于1937年初出版的军事理论书籍。书中内容主要由隆美尔担任教官期间的步兵讲义整理而成，其中不仅包含了隆美尔对所读军事名著的理论总结，还融入了他自己的实战经验理论。书中强调一种"不断进攻"的军事理念，主张要充分发挥火力在机动战中的作用；认为人数优势在战争中是不确定的，劣势之方可以通过突击战或计谋来扭转局面。此书最大的特色是含有大量隆美尔的亲身战斗实例，形象生动，通俗易懂，不像其他学术性军事专著晦涩难懂，所以它受到非军事群体的欢迎，甚至在国外也非常热销。据说，当时美军把这本书翻译成了英文在军中供上层参考，其中不乏军事将领研读此书。在德国，《步兵进攻》多次再版，截至1944年10月，这本书至少再版了18次之多。几乎与此同时，古德里安则出版了一本装甲坦克的作战指导书籍，名为《前进！坦克》，这两本书实际上都在鼓吹德国闪电战的巨大作用。

这是隆美尔最为成功的军事著作，也是现代战争史上的一部经典之作。对隆美尔来说，这本著作给他带来了不少好处。一是版税带来的巨额财富。隆美尔根本没想到这本书会取得如此的成功，每一次再版都给他带来一笔可观的收入，算是一种意外的惊喜。二是借此盛名远播。纳粹党正大力宣扬民族复仇，为对外扩张寻求舆论支持。而闪电战是德国传统的军事作战理念，《步兵进攻》的出版无疑是一种鼓吹战争的工具，因而在出版前就得到纳粹宣传部长戈培尔的积极支持。德国各阶层，特别是青少年们，在希特勒政权的大力洗脑下，对闪电战、对外军事活动格外兴奋，所以对《步兵进攻》一书十分喜爱，对作者隆美尔更是崇拜得五体投地。加上纳粹宣传机构的积极配合，隆美尔逐渐成为德国家喻户晓的人物。

第三，也是最为重要的一点，这本书让隆美尔获得了希特勒的关注。希特勒仔细阅读了《步兵进攻》后，认为隆美尔确是一位军事人才，应当加以重任，很快就任命他为自己随从营的营长，并下令将此书作为全军的学习教材。随后，隆美尔就经历了一系列"火箭式"的提升。首先是1937年8月，他晋升为上校军衔。这距离他升为中校仅隔了一年。"政治"带给了他绝妙的人生际遇。在法西斯专政下的德国，军人的地位再次高涨起来，与其早前担任教官的生活氛围完全是不同的概念。隆美尔心底间追寻军功荣誉的热情再次被点燃。

此时欧洲已渐渐笼罩在战争的乌云之中了。由于英法实行绥靖政策，希特勒得以步步逼近，制造了震惊世界的"慕尼黑阴谋"，苏台德地区被强行割让给德国。得意扬扬的希特勒回国后提出要到各地巡讲一番，以便于为纳粹下一步行动奠定基础。隆美尔作为保卫营的指挥官，专门负责此次巡讲的安全工作。在他的认真安排下，巡讲进行得很顺利，希特勒对他的表现甚是满意。自隆美尔担任警卫最高指挥官以来，与希特勒直接接触的机会越来越多，以往对战功的热忱逐渐演变成了对希特勒的个人崇拜。有时，他会忍不住向别人炫耀希特勒对自己多信任，夸耀自己与最高元首的亲密交谈。有一次，他甚至向友人表示，在他心中元首的信任已经超越了任何事物，包括建立功勋的人生目标。在他眼中，正是希特勒将德国从一个任人宰割的战败国重新变成欧洲军事大国。希特勒煽动人心的演讲、各地疯狂膜拜法西斯政权的人群在他心中都留下了深深印记。在隆美尔心中，希特勒俨然成为德国的守护者。他坚信，在元首的领导下，德国必然有一个光辉的未来。就这样，以往不问政治的隆美尔成了希特勒政权的积极支持者，在给妻子的信中，对希特勒的崇拜之情跃然纸上。

1938年11月，希特勒在进行一次演讲时，一名钟表匠带着一枚定时炸弹在距离他几米远的地方爆炸了。这完全是德国纳粹党的精心布置，希特勒的阴谋诡计，却被借此谴责英法背弃承诺，法西斯德国终于找到了宣战的理由。1938年12月1日，希特勒在作战部大厅里做了秘密演说。在场的隆美尔记下了对他而言万分重要的话：

1938年9月，慕尼黑会议结束后，英国首相内维尔·张伯伦抵达英国赫斯顿机场发表演讲

今天的军人必须有政治远见,因为他必须随时准备为我们的新政治而奋斗;德国军队是德国哲学生活所挥舞的利剑。

1939年3月初,捷克中央政府为了打击地方分裂势力,下令解散了亲德的斯洛伐克地方政府,并逮捕了那里从事国家分裂活动的纳粹分子。这原本是捷克维护国家安全的正常行动,但却被德国当成了入侵的理由。当捷克总统正急得团团转,以至于心脏病发作时,刚刚被任命为元首随从营指挥官的隆美尔正和军官们讨论希特勒到达苏台德地区的行程计划。出于安全考虑,他们建议希特勒坐车前往波兰各地。在希特勒访问波兰的格丁尼亚港的时候,发生了一件日后改变隆美尔命运的事件,虽然这在当时看来实在是显得微不足道。当时德军在波兰战场取得了出乎意料的迅速胜利,希特勒情绪非常高涨,让司机把车开到市中心。因为当地的街道又窄又陡,为了保证出行顺利,隆美尔便亲自进行交通指挥。和之前那次一样,他让希特勒的专车和一辆警卫车先通过道路,其余的车辆只能原地守候,不能跟上。为了阻止后面的车辆试图跟上,他直接站在狭窄的道路中央。这时候,第三辆车已经开到眼前了。纳粹党党魁马丁·鲍曼骂骂咧咧地走下车子,大声斥责隆美尔,让他让开一条道。隆美尔不吃这一套,反而大吼着说自己是大本营司令官,让马丁听从他的安排。马丁在大庭广众之下丢失了颜面,被气得七窍生烟,暗暗在心中记了一笔。5年之后,他终于找到了一个报复的机会。1944年希特勒被刺事件后,马丁在希特勒下令处死隆美尔的决定中起到了至关重要的作用。隆美尔还不知道,得罪这位大人物,会给今后的自己带来怎样的厄运，照旧享受着对元首忠诚、与元首朝夕相处的那份"荣耀"。

不久之后，捷克总统在国家面临巨大的军事威胁下，被迫签署了《德捷协定》，宣告捷克投降德国。随即希特勒下令德军武装占领捷克全境，成立了临时元首总部。隆美尔则被任命为总部司令官，实现了一跃而上，成为事实上的元首首席陪同。征服捷克之后，希特勒开始向波兰出手。根据"一战"之后签订的和约，德国归还了之前侵占波兰的领土。而这时，希特勒却让波兰归还"领土"，根本就是有意挑衅。在波兰拒绝领土要求后，国内反波兰的情绪被完全调动起来。德军上层纷纷兴奋起来，知道离开战的日子不远了。隆美尔也是摩拳擦掌，想在新的战争中大显身手。他特别希望但泽能重新成为德国的一部分，因为这是他行伍生涯的起点，对他和妻子也有着十分重大的意义。

1939年8月，隆美尔接到了等待已久的行动命令，迅速赶往柏林。令他意外的是，自己此行竟然被授予了少将军衔。带着新军衔和新任务，隆美尔带领着警卫营朝波兰开进，同集结在那里的德军部队一起等待进攻的命令。1939年9月1日，德国突袭波兰。德国战列舰石勒苏益格——荷尔斯泰因号炮击了位于但泽自由市的一座波兰军事转运站，与此同时，空军和陆军也进入波兰疆域发起攻击。第二次世界大战正式爆发了。

相较于德军而言，波军在各方面都处于劣势。武器装备方面比较落后，准备又不充分。最重要的是，波兰一直错误地坚守所谓的"中立"，寄希望于英法的庇护，因此战略保守，作战消极。由于对德军的突袭毫无实质性的戒备，战争反应迟缓而无力，波军节节败退。党卫军装甲师很快强渡了布苏拉河，德军14个机械师在空军掩护下在波兰境内全速推进。

德国军队搬开路障,进入波兰境内

德军乘小艇渡河进入波兰

9月4日凌晨，希特勒乘坐的专列抵达巴德波尔辛火车站。他的到来并非是一次寻常的视察，而是带领着自己的工作班子亲自谋划波兰战场的作战计划，在这里待了3个星期。希特勒甚至坐着装甲车前往前线，来到塞恩河慰问正在战斗的德军将士。此时的隆美尔还没有感受到战争的残酷，而是为德军顺利的进攻形势感到兴奋不已。战火已经不可能被阻止了，并且还在不断蔓延，正燃遍波兰，燃遍欧洲。

到了9月下旬，波兰人失去了全部的战斗力，几乎全境失守，德国对波兰的战争已基本宣告结束。波兰军队崩溃之迅速，连德国人都感到不可思议。擅长战术策略的隆美尔，对于闪电战的作战模式并不熟悉，但还是希望能够借此大干一场。此时的他已经能够轻易地与希特勒交谈了，所以常常在话中暗示希望自己能带一支部队上战场。希特勒对隆美尔的忠诚是非常满意的，但并没有立即答应他的请求，而是在心里面慢慢考虑着适合他的时机和职位。隆美尔虽然有些着急，却不影响他沦为纳粹哲学的信徒，全心全意为其效劳。他可以每天与希特勒同桌进餐，随时交谈对战争形势的想法。隆美尔认为当下的德国军人才是真正实现了自己的价值。

9月26日，隆美尔随同希特勒返回柏林。趁着短暂的假期，他回到维也纳与家人小聚了一番。就在希特勒离开波兰的第二天，德军攻下了波兰的华沙，并于9月30日宣告占领了波兰。10月2日，他又飞往华沙，奉命为德军在波兰的胜利准备庆祝仪式。在这里，他写了一封给露西的信。在信中，他描绘了战后华沙的可怕场景。城中八成的屋子都被战火烧毁了，很多商店因为大门被毁坏，商品有的被抢，剩余的散了一地，商人们只能用一块木板暂时堵住店门。德军炸毁了附近的电厂和地下的水管，到处都停水、停电，连煤气也没有。街上到处是军队建立的街垒，隔断了人们的往来。战机在华沙上空盘旋，人们丝毫没有安全感可言。据统计，仅华沙的伤亡人数就达4万人之多。即便如此，隆美尔还是天真地认为，民众的痛苦会因为德军的到来而减轻，希特勒会拯救万民于水火之中，而不愿意承认华沙已经成为人间地狱。纳粹对德国军事系统的渗透在他的身上已经得到了充分的体现。

10月5日，希特勒前往华沙参加了庆祝活动和阅兵仪式，从头到尾隆美尔始终陪伴在侧。仪式的第二天，希特勒又对国会发表了重要演讲，向英法提出了所谓的"和平"建议。隆美尔还没有领悟到希特勒此番演讲的深意，以为战争可能就此画上句号，自己还未来得及施展拳脚，便又要回国继续当警卫官了。他的内心很矛盾，既希望回家与妻儿团聚，又觉得成功的机遇即将远去，有些怅然若失。这种心态从战争开始就一直存在，一直贯穿到他生命终结的那一天。演讲发布后不久，在一次军事会议上，希特勒终于向大家表达了内心真实的想法。这位政治野心家宣告他要继续进攻西欧国家，下一步目标就是比利时，这样便可以保护德国的鲁尔工业区。希特勒承认，之前的"和平"建议只是缓兵之计，为了稳住英法而已。隆美尔这才恍然大悟，知道战争根本无法避免。隆美尔明白，德国一旦向西欧各国宣战，自己可能随时被调派到任何地方。所以，在冬日来临前，他给妻子写了一封信，让她把冬装送到柏林，顺便见上一面。

希特勒特别看重隆美尔对他的忠诚，一直把隆美尔当作秘密武器。在1940年3月间，希特勒曾两次指派隆美尔作为他流动指挥部的司令官：一次是占领布拉格，一次是在波罗的海口岸逼迫立陶宛投降并归顺德国。上述的任务都得到了完满完成，但更重要的是，这些任务非希特勒信任之人是不会轻易交予的，可见隆美尔当时的地位已非同一般。

隆美尔能够走到历史前台的原因，也许，正像某些评论家所说的，隆美尔的每一步都迎合了希特勒的喜好。

相关链接：

德国 U 型潜艇

U 型舰艇是"二战"中德国最强大的海上武器之一。因为德军专门使用它来进行偷袭行动，故 U 艇被人们称作"海上之狼"。"一战"时，德国就已经研制出了柴油机为主动力的 U 型潜艇，但按照"一战"后的《凡尔赛和约》，德国是不可以保留和建造潜艇的，所以之前的成果付之一炬。随着法西斯政权的逐步建立，条约渐渐成了一张废纸。德军不仅暗地进行制造舰艇实验，还偷偷在国外订购了一些。1935 年 2 月，德国派兵重占了莱茵河非军事区，公开撕毁和约。仅仅几个月后，德方所研制的新型 U 型潜艇就正式下水试航。该年的 9 月，德国建立了由邓尼茨领导的"魏迪赓"潜艇部队。年底时，已有 24 艘 U 型潜艇成功下水了。

U 型潜艇外形细长，呈圆筒状，全身由钢铁制造，耐压性强。潜艇本身拥有两套推进装置，一种是由柴油机和电动机共同推动一根螺旋桨轴，即双机共轴；一种是各分一个螺旋桨，即双轴双桨。当潜艇浮出海面时，用柴油机带动。这时航速较慢，只能追得上一些商船。潜入水下时，采用电动机带动。电动机较重，且充电时间长，不过随着此系列潜艇的不断更新，后来就可以在水下直接充电了。而U型潜艇中最难以忍受的就是柴油机舱。"二战"期间的德国潜艇上都会装两台6米长的柴油机引擎，工作时引擎会发出持续不断的巨大噪音，使得很多长期在引擎室工作的人最后都有听力损伤，产生失眠和厌食的症状。

除此之外，由于负载重量大，导致机动性严重不足，U艇很难躲避敌方的驱逐舰攻击。即便如此，德国的U艇在"二战"中的大西洋战场上，表现也是非常突出的。当时指挥德国潜艇部队的海军上将邓尼茨喜欢采用一种"集结"战术，即6~10艘潜艇为一小队，白天以护航队做掩护，黄昏时进入预先指定的位置，深夜时混入护航队用直航鱼雷近程攻击敌方。直至1943年，盟军在舰艇上安装了雷达，才逐步扭转了海上战势。

硝烟再起——"魔鬼之师"入法国(上)

1939年9月,德国占领波兰。9月17日,德军潜艇U-29用鱼雷击沉了英国的海军航母"勇敢号",英军损失了500多名海军。英国政府眼见自己的海军部队遭受打击,开始反思英国以往在海上力量方面显得过于自信,传统的海上霸主地位已经受到威胁,认为今后必须加快更新装备,以适应现代战争的需要。自此,大西洋上英德之间的持久作战正式拉开帷幕。

英国勇敢号航母。1940年9月，在执行任务时被纳粹U型潜艇击沉

大西洋中，被纳粹U型潜艇击中的盟军船只

除了在海上的对决,德军和英法间的陆地战也渐渐激烈起来。

成功占领波兰后,希特勒将德军高层召集在一起,专门讨论了日后的进攻方略。由于英法开始采用封锁式战术,德军在陆上推进的进度明显受到影响。会议上,希特勒大发雷霆,认为德军攻势减弱完全是总参谋部工作不力,指挥官们作战过于保守造成的。为此,他要求总参谋部迅速根据当前战情,重新制定新的作战方案,争取战争中的主动权。隆美尔作为会议的参加者,将希特勒的讲话精神写进了给妻子的信中。对希特勒的"英明"决定,他深感敬佩,认为元首的演讲和部署是完全正确的决定,今后必将为德军胜利开辟新的道路。

战争已进行到此,看到德军在战场上势如破竹的气势,隆美尔再也按捺不住想要走上战场的心情。他认为自己已经准备好。隆美尔在希特勒的支持下,便立即向陆军司令请求拨配一支装甲师。陆军司令认真考察了隆美尔以往的任职经历,认为他虽然有着一定的作战经验,但那只是针对山地战争,把他调到慕尼黑去指挥山地师还差不多。对于步兵装甲部队而言,他的经验很是不足,更不用说做指挥官了。当时德军装甲师属于陆军系统的精锐部分,拥有最为先进的陆地武器,陆军司令怎么都不愿意把自己的装甲部队交给一个从未指挥过机械化部队的人。

隆美尔是一个十分倔强的人,有时就喜欢干别人不让他干的事情。为了达到目的,他只好去见希特勒,当面说出了自己的想法。经过希特勒从中调解,陆军司令只好答应了隆美尔的请求。不过,这位老将军也要了点滑头,用了10来天,硬是拼凑了一支第7装甲师交给隆美尔。

1940年2月,隆美尔收到了来自陆军司令部的任职通知,他被任命为德军第7装甲师的师长，需要迅速赶到莱茵河畔的巴特戈德斯贝格上任。隆美尔怀着激动的心情，第二天就乘火车去走马上任。那一刻，他的内心如同奔腾的莱茵河一般，始终难以平静下来。

不过，当隆美尔第一次检阅完他的第7装甲师后，内心就不得不冷静下来。他所统领的新编师远远落后于正常的装甲部队。这个师不像其他6个装甲师那样下辖两个团，仅有一个第25装甲团。装备也非常之可怜，虽有200来辆坦克，但一半以上都是捷克的低档坦克。士兵的素质更是糟糕，他们大多来自乡村，生性散漫，丝毫没有纪律观念，当他站在他们面前检阅方阵时，人群中竟然还有人在大声说话。隆美尔严厉认真的教练手段在军中很是出名，有些官兵在得知自己被分到隆美尔指挥的第7装甲师时，甚至想过要退伍回家。不过，第7装甲师作为新编师，资金比较充足，士兵补贴很丰厚，一些家庭经济状况不好的士兵还是留了下来。

这支队伍既没有先进的装备，也没有精英式的官兵。隆美尔明白，这是布劳希奇故意将他一军，内心深处多少有点失望。在他眼中，这支部队根本就称不上是一支队伍，只是一群吊儿郎当的人来混日子而已。但是，隆美尔可不是一个会轻言放弃的人。他坚信，只要训练方式得当，再差的队伍也能走上正轨，也能在战场上赢得荣誉。

第7装甲师的官兵们也感受到这位新上任的长官和以往指挥官的不同之处。隆美尔严厉的神态，敏锐的眼神给他们带来了压力，所以当他宣布星期天要视察防区时，他们都没敢太过反对。

与此同时，隆美尔将第7装甲师的实际状况向希特勒做了总结汇报。在报告中，他承认了第7师当前正处于最糟糕的状态，各方面都不如人意，但同时也表达了自己可以整饬队伍，相信经过充分的训练后，一定可以率领部队在战场上取得一番成绩。希特勒对此感到很欣慰，不仅邀请隆美尔共进午餐，还送给他一本封面上有亲笔签名的《我的奋斗》，用来表彰他的忠诚与能干。隆美尔对希特勒的信任很是感动，要不是元首的破格提拔，自己怎么可能成为少将，还统领了一支装甲师呢？他暗暗下定决心，一定要搞好这支队伍，不辜负元首的期望。

在调整好心态后，隆美尔开始着手整顿手中乱糟糟的队伍。他深知，在武器装备方面，陆军司令部给他的都是"残羹剩菜"，自己也是无力改变的，但是任何现代化的先进装备都不能代替一支素质高、技术硬的士兵队伍。说到底，人才是最重要的，军事训练必须抓，而且要狠抓。隆美尔是一名经验丰富的教官，他知道怎么对付那些精神懈怠的家伙。他没有让队伍一下进入紧张严谨的训练期，而是先给团里的军官放了一个不长不短的假，让他们先调整放松了一下。

假期过后，第7装甲师的状态正渐入佳境，隆美尔自己却出现了问题。早在德国入侵波兰之时，隆美尔就发现自己的身体有些不适，但是他并未声张，只告知了露西一人而已。接手第7装甲师后，他按照程序接受了相关的体检，结果不甚乐观。随着时间的推移，感到自己越来越力不从心。医生告诫他，由于常年在外奔波加上睡眠极度缺乏，隆美尔的体质已经变得很差，最好尽早在家休养，周期至少需3个月，这样身体才能慢慢调整过来。医生的告诫直接被隆美尔否决了。重整第7师是证明自己实力的关键，现在刚有起色，他是无论如何都无法离开的。医生见他意志坚定，就提议他通过体育锻炼来增强体质。这次，隆美尔很乐意地接受了，反正他之前也有陪同官兵训练的经历。

从那天起，每天早上6点，他和其他战士一样，坚持每天慢跑1英里。2

月的莱茵河畔还没有一点春天的气息，6点的时候天才蒙蒙亮，年近50的隆美尔却从未抱怨过、放弃过。无论风霜雨雪，还是刺骨寒风，都不能阻挡住他的步伐。每天早上7点，结束锻炼的他还会准时来到士兵们身边，和他们一起听广播、吃早餐。除了跑步，他还根据医生的建议制定了详细的作息时间表，希望通过自己的坚持快速调整好身体状态，以准备迎接随时而来的战斗任务。来到第7师后，他就再也没跟妻子提过自己的身体状况，害怕让她担心；同时，他也不允许周围的人对外泄露消息，主要是为了稳住军心，防止敌军利用这点打心理战。

第7装甲师的战斗力虽然有了较大提升，但毕竟起点低，如何超越其他部队仍然令隆美尔感到非常头疼。他首先想到了要编写一套系统的战术训练教材。好在他曾经当过教官，还写过军事专著，在总结作战方法方面还是有一套的。他不仅总结了以往的坦克操练情况，还根据训练过程中出现的新状况不断更新内容。其次，他组织了军事讲座，专门给官兵们讲述自己的实战经历，告诫他们要学会灵活变动，不能只是纸上谈兵。为了方便大家学习，他还将作战技巧和各类军事资料装订成小册子，人手一份，方便随时学习。

想要指挥好一支军队，既要提升官兵们的战斗技能，同时指挥官自己也要不断深化学习，更新自己的知识库。通过自己坚持不懈的学习，隆美尔已经慢慢掌握了装甲部队编制的分配要义，在机械化部队作战理论和实战方面也有了自己的见解。他喜欢将队伍按照战事的需要任意组合，利用强火力阻击敌人，并通过无线电灵活指挥作战。隆美尔还常常站在装甲指挥车上观看坦克部队演习，在不断的观察和学习中，他渐渐意识到，指挥好装甲部队关键在于要掌握好武器的火力，并保持机械装备的机动性。不过，他对于武器资源的补给没有给予充分的重视，这也让他在日后的战争中吃了不少亏。

1940年4月，隆美尔组织了一次全军阅兵仪式。此时的第7师已脱胎换骨，全体官兵的面貌焕然一新，颓废、懒散早已无影无踪，嘹亮的口号声在驻地上空回响。望着这支部队，隆美尔一时感慨万千，不知如何表达内心的骄傲。

随着战争逐步走向高潮，隆美尔清楚地认识到，他的部队不久就会进入法国战斗了。他在"一战"中曾和法国人交过手，认为法军的战斗力不是很强，并不是什么值得害怕的对手。真正可怕的是英国人。他们性格严谨，意志坚强，不会轻易服输，且和德国之间必有一场恶战。

1940年5月，隆美尔率德国第七装甲师在行军途中小憩

希特勒主持的军事会议后，德军总参谋部根据希特勒的指示精神，拟定了一个代号为"黄色方案"的作战计划。该计划基本上延续了"一战"时期"施里芬计划"的主调，强调采用闪电战，通过比利时以法国巴黎为主攻方向。这个"黄色方案"并没有得到所有长官的支持，就连希特勒本人也觉得不够满意。A集团军参谋长曼施坦因提出了切割战略，最终成为"黄色方案"的最终版本。按照新的计划，德军一部将佯装攻打巴黎，将英法联军主力引开，而另一部分军队则成为真正的主攻部队，向比利时南部防守薄弱的阿登山区进发，进而切断南北盟军，分割包围联军。之后还可以强渡马斯河，进入法国平原，直逼英吉利海峡。希特勒对"曼施坦因计划"很是赞同，认为这是德军突破封锁的战略关键。在这过程中，英法联军是主要对手，还可以顺便解决荷兰、卢森堡等欧洲小国，获取更多的战争资源。

德国元帅曼施坦因

经过种种曲折,"曼施坦因计划",即改良版的"黄色方案"终于在1940年5月9日正式下达实施。5月9日下午,隆美尔接到一封代号为"多特蒙特"的密码电报,电报命令德军将在10日凌晨5点35分正式发动西线进攻。隆美尔的部队终于要迎来战争了。出发前,隆美尔指挥的第7装甲师和第15装甲师被调派由霍特将军负责指挥。霍特是一位英勇无畏的将军,曾在波兰战争中获得过骑士勋章,很受大家的敬重,隆美尔也很喜欢他,积极配合霍特做好一切准备工作。

5月10日黎明时分,比利时领空突然出现了大量Ju-87型俯冲轰炸机——这是德国进攻波兰时称霸空中战场的利器。地面上德国炮兵团正开足火力,向比利时军队发起攻击。第7装甲师正式投入第二次世界大战。战斗开始前,隆美尔驱车驶回了巴特戈德斯贝格驻地一趟,在那里,他给露西写了一封信。

德国Ju-87"斯图卡"俯冲式轰炸机

1940年5月的一天，露西收到了一封来自丈夫的绝笔信。那是隆美尔在很短的时间内赶写成的。在信中，他表示自己刚刚接到了战斗任务。之前的几次进攻命令不知为何都被临时解除了，唯有这次成了现实。这是"一战"之后，他真正再次走上战场。他对未来既感到迷茫，又感到兴奋；既希望自己能够早日回来与家人团聚，又希望此次能在战场上取得一番成绩，毕竟他们已经等待太久了。这封信反映了隆美尔长久以来挣扎的内心世界。他害怕战争让妻儿失去依靠，身在战场时刻都在思念着家人，惦记他们的安危；他又渴望战争，希望借助战争建功立业，发挥所长。

西线战役打响后，法国军队将部队紧密部署在从北海到马奇诺之间长达300公里的战时防线上。他们想以此做基点，将德军死死拖在这条防御带上，并坚决不让德国人再前进一步。这条防线最早由法国国防部长马奇诺提出，经过福熙、贝当和晓夫勒3位法国元帅的讨论，终于在1930年确定修建。经过近10年的建造，形成了一套从地中海沿岸法意边境至北海沿岸法比边境的防御系统，这就是著名的马奇诺防线。这条形似长龙的防线实际是由无数个相互独立的壁垒式防御工事构成。每个独立的壁垒包含一个主体工事及其外围的观察岗哨，且彼此用电话作为联络手段。主体工事则包含了指挥部、炮塔等基本作战设施，外有金属柱状体、铁丝网等做掩护，非常坚固，非一般军队所能攻破。

1939年秋,正在演习中的法国坦克。1940年5月德国入侵时,法国在西北前线布置了2200余辆坦克

按照德军的既定计划,只有突破这条防御带才能顺利施行"黄色方案"。隆美尔所部被任命为第1集团军群和第4集团军群的冲锋军,负责开辟比利时战场,深入其境内,以达到引诱英法联军的最终目的。他们的作用至关重要,只有顺利引开英法主力,德军主力才能快速通过马斯河到达隆美尔的左翼,进而双管齐下,实现真正的大包围、大突破。希特勒对于此战尤为重视,认为这是完成下一阶段战略目标的关键一击。

在接到相关命令,完成行军准备后,隆美尔立即利用之前在比利时边境所做的道路标记,趁着夜色,坐着他的装甲指挥车,带领部队迅速赶到行军通道。哪知他们赶到时才发现,道路已经被各方的部队拥塞住,现场乱作一团,争吵声不断。没有任何一支队伍甘愿落后,纷纷想抢道先走,反而导致坦克等装备横在路中央，谁都走不了。坐在车上的隆美尔很是愤怒，不想再耽误进军的时间，便亲自下车指挥交通。经过他耐心的劝解，一些车辆让开了通道，按照顺序一一离开。将近凌晨12时，第7装甲师的最后一批士兵才到达德比边境上预定的进攻地点。

隆美尔知道，因为之前的道路阻塞，他们已经比预定的时间晚到了很久，这时肯定来不及让部队好好休息了。天还没亮，隆美尔就派了探路工兵前往比利时前线。时间一到，在数十架轰炸机的掩护下，地面部队发起了猛烈的进攻。盟军怎么都没有想到德军竟然会把阿登森林作为战争的突破口，更想不到德军的坦克竟然都出现在了这里。尽管盟军在马奇诺防线拥有庞大的防御体系，但还是对这次德军突袭感到措手不及。

在这里，隆美尔再次用上了心理战术，不顾敌军对侧翼和背后的包抄，而是直接选择长驱直入。比利时军队的实力无法与德军抗衡，本身就无力硬拼，只是稍作反击，将重点放在破坏交通线上，尽力拖延德军进攻时间，好让主力部队能够安然向内陆转移。隆美尔早已考虑到这点，按照演习方案，让工兵以最快的速度架设好便桥，以便德军坦克浩浩荡荡地向前冲去。战斗中，隆美尔所乘坐的马克3改装型指挥车总是冲在队伍的前方，毫无退缩之意。有时，他也乘坐侦察机，从上空观察战争实况，随时掌握战争动态。可以说，他随时都处在危险的境地，但他从未表现出畏惧之情。作为指挥官，隆美尔勇猛无畏的作战风格无疑起到了模范带头作用，感染了全师官兵，大家如兄弟般同甘共苦、并肩作战，在战场中取得了一系列辉煌战绩。

在隆美尔的带领下，第7装甲师首先连续横扫了比利时的菲利普维尔和弗拉维城。在上述战争过程中，他开创了不少全新的战术形式，其中最有意思的当属"延伸网"概念。它的主要内涵是将驻扎在不同区域的位点两两连接，构成网状图，通过一传一的通讯方式，迅速计算出各点间的位置情况。除此之外，他提出火力全开的战争模式，认为这样可以迅速诱导敌人暴露出自己的隐匿之处。这种方式看上去很浪费子弹火药，但的确能够达到预想效果，使得德军能够快速结束战斗，间接减少了伤亡。不过，狂扫乱射的弊端也大大存在。在森林中，视野不是很开阔，随机扫射很容易造成意外伤亡。有一次他们就不小心"解决"了自己的救护车。

不管怎么说，这些"稀奇古怪"的招式在战争中的确很实用，为德军赢得了不少胜利。接连的捷报令希特勒欣喜若狂，对隆美尔更加信赖了。

马斯河属于法军重兵防守的据点之一，他们的骑兵部队和机械化部队正驻守在马斯河的对岸，在渡河点设置了重炮，决心死守到底。隆美尔原本是想乘着胜利之势，在法军骑兵师尾后冲过马斯河，但法军在过河后迅速炸毁了桥梁。此时已是深夜，隆美尔身边只剩下10辆坦克了，根本无力冲过对岸与法军火拼。他只能在心中默默祈祷后续大部队能尽快赶来。

等到双方人马齐全之时，两岸对峙局面几乎已陷入僵局。马斯河两岸的地理环境较为特殊，地势陡峭，但同时视野开阔，容易暴露位置。德军与法比联军隔着河谷，双方毫不示弱，互相发炮轰击，彼此不断有坦克被摧毁。隆美尔想强行推进，为大部队开辟道路，打破僵局，便下令第7装甲师第3步兵团突击队于5月13日凌晨4点半强渡马斯河。法军所在的西岸恰有一块地势较高处，部队可以在这里观察到东岸的一切军事行动，同时还可以借地势隐蔽于此。法军正是借助这块高地的掩护，不断向德军强渡的橡皮舟开火放炮，马斯河渐成血河，河面火光闪闪，无数的德国士兵被击沉河底。战士们强渡河岸时，隆美尔正躲在隐蔽点观察战事，耳边还不断有子弹呼啸而过。他曾试图通过望远镜找到对方的火力集中位置，但苦于对岸炮火过于猛烈，始终未能成功。法军把守卫马斯河视为守卫家门一般，没有丝毫的含糊和松懈。在法军密集的炮火下，德军几次强渡马斯河的努力都宣告失败。

眼见突进毫无进展，隆美尔决定使用点小计谋引开法军注意力，保证步兵能够顺利渡河。他让部下放火烧毁了河岸附近的村庄，燃烧产生的大量烟雾严重干扰了法军的开火视线。趁着烟雾弥漫时，临时组建的专门负责渡河的连队把坦克等重型武器运过了宽阔的马斯河。不久，机枪营从北面村子顺利渡河的消息传来，隆美尔令其向南进攻，以配合清除难搞的西岸敌军据点，掩护大部队迅速过河。

这时，阿登森林中已经布满了德军伤兵，医护人员忙做一团。马斯河就在眼前，却始终无法突破。隆美尔明白这意味着什么：德军在这里被拖延得越久，闪电战计划就越有失败的危险，英法联军就能迅速调头冲出包围圈，德军的全盘计划就泡汤了。时间就是一切，军长霍特甚至亲自来到前线要求隆美尔以最快速度带领先头部队突破马斯河防线。如果不能抓住时机，那么等到敌军援兵到达，就更不可能突破了。

在这种情况下，隆美尔又一次察看了地形状况，随即调来了坦克和榴弹炮。根据前几次的攻击状况，隆美尔已经渐渐摸清敌方的火力点。他让新调来的装备在岸边排开，并对准法军火力点，一旦对方开火，就立刻反击。渐渐地，对岸法军吃不消了，炮火开始弱了下来。趁着这个好时机，德军开始安排架桥工作。

德方找来4艘大船，并排停在河岸之间，形成了一个临时缆渡台。等待已久的军队很快就向对岸涌去。天黑时，德军才开始安排坦克等重型武器过河。船只承重有限，所以这些大家伙过河花费了不少时间。清晨，俾斯麦上校率领着已渡河的部分装甲部队向法军的西面扑去，希望能够插入对方纵深。不过，这个方案很快就出了问题。他们没想到法军早有准备，遇到了强力的反击，最后还被包围住了。而隆美尔的第25坦克团此时已顺利运送了30辆坦克到对岸，在卢森堡上校的指挥下，立即投入到战斗中。第25团原本是想帮助俾斯麦上校他们解围的，但当两军会合后才知道之前的情报出了错误。原来俾斯麦部所发电文的意思是"已到达"敌方所在地，而非"被包围"。德文中两词词根相同，紧急之下就产生了差错。会合后的军队没敢停留半分，立刻向森林深处进发。

另一方面，由于敌方火力减弱，隆美尔所部渐渐都渡过了河。然而河岸这边的法军并没有放弃最后的希望，他们早已严阵以待，只为最后一搏了。刚刚经历过重大伤亡的德军官兵们情绪有些低落，看到气势汹汹的法军心里很是慌张。另一方面，此前德军装备亦有较大损失，甚至连一门反坦克炮都没有到达对岸，一切都对德军不利。在这种情况下，要想再次顺利突击，的确需要一些功夫。隆美尔不顾双方力量之悬殊，命令所有随行武器向法军的查尔式坦克扑去。在德军的反击下，法军无法持续保持猛烈火力，坦克的攻势有所减弱，部分步兵团开始撤入防线区。5月13日夜晚，法军第9军团司令柯拉普被德军散布的谣言所欺骗，以为敌方的坦克大军即将杀来，便放弃了马斯河防线，向西内撤。坚信谣言的他听闻有几千辆德军坦克浩浩荡荡杀来，便不顾一切地放弃马斯河防线，全线西撤。

5月14日，莱因哈特和古德里安指挥的两支装甲部队经历重重的困难，分别在蒙特尔米和色当突破了马斯河。比利时境内的英法军队正在慢慢被包围，就连防守马奇诺防线的法军主力部队也陷入危机之中。不仅法国前线军队中人心惶惶，就连政府也开始坐不住了。政府上层官员经过商讨后，决定暂时撤离巴黎，在图尔建立临时政府。5月15日，法国总理雷诺向英国政府发出求救电文，请求英国派出所有的飞机和军队，巴黎即将失守，法国即将沦陷。

相关链接：

1.德国马克3坦克

马克3坦克，又称3号战车，前身有马克1和马克2。马克1专门用来做训练坦克，后来在1938年西班牙内战时投入实战，在1939年德国入侵波兰时也被大量使用，1941年撤出主战场。马克2则装备了一门加农炮，暂时替代交付延误的马克3和马克4，也参加了西班牙内战，曾是德军进攻波兰的主力军。但是，马克1和马克2，都属于轻型坦克，难以抵挡重火力的攻击，后来渐渐退至次要防线上。

1939年，马克3和马克4坦克正式投入战场，它们是当时世界上最先进的中型坦克。其中，马克3装有1门50毫米火炮、2挺机枪，最多可乘坐5人，装甲厚度是12~50毫米，最快时速达40公里每小时。但是它的装甲还是不够厚，盟军的火炮，如法军的SA—35火炮，可以在百米内轻易将其射穿。德军进攻波兰时，曾小范围使用过马克3，待到1941年时，马克3和马克4的改进型已经被广泛使用起来。而马克5（豹式坦克）和马克6（虎王坦克）已经属于重型坦克，防轰炸能力更强一些。

梅德宁战斗中，一辆德国马克3型坦克被英国皇家炮兵第73反坦克团击毁

2.捷克LT-38轻型坦克

捷克的LT-38轻型坦克的前身是LT-35坦克，被认为是捷克斯洛伐克最为成功的武器工业制品，曾出口到其他国家，受到一致好评。该型号的坦克从1938年起在捷军中服役，等到捷克被德国吞并后，德军将其改名为PzKpfw 38(t)（A型），并不断改造更新，继续在战场上使用。它逐渐成为德军

装甲坦克中的重要一员，还被广泛用于装备其他轴心国军队。

PzKpfw 38(t)坦克共有 A、B、C、D、E、F、G 等 8 种型号。40 年代时，它在装甲和火力方面都已不能适应战局的需要，从 1942 年开始便不再担任主力进攻坦克，而是被长期用于侦察和训练。

除此之外，德国人还在此系列坦克的基础上改装出了许多武器装备。比如在其底盘上制造出的黄鼠狼系列 3 反坦克炮和 38（t）高射炮。

硝烟再起——"魔鬼之师"入法国(下)

马斯河的失守令法军陷入重重危机之中。前一天仅休息了3个小时的第7装甲师却还在不断推进,丝毫没有止步休息一下的意思。隆美尔重新编排了队伍:让俯冲轰炸机在最前方开路,炮兵防守两翼,步兵被围在中心,时而乘车时而徒步行军。整个师呈锥形向前推进,力量足以占领新的军事据点。隆美尔乘坐的坦克就是一个小小指挥中心,专门负责在战时统筹全局和对外通信,由卢森堡上校带领坦克部队做掩护。第7师前进的过程中,偶尔也能遇到残留的法国军队,但基本都是不费吹灰之力就解决了。他们沿途看到最多的是法军部队撤退时来不及带走的武器装备,还有来不及逃亡的法军将领。为了加快前进的步伐,隆美尔甚至没有心情来招降这些敌军残部,直接把摊子留给后面的部队。马其诺防线已近在眼前了。

对于初战的胜利,他在日记中表达了自己的看法。首先,先发炮进攻的人往往能在对战中赢得先机，被动等待者总是会被击败；队伍最前方的机枪手要随时反击敌人的攻击，即使没有击中对方，也要给对方以错觉，在气势上压倒他们。总之，在他看来，先发制人，特别是在地理环境比较复杂的地区，是坦克战取得优势的关键，这是一成不变的真理。

  德军已经成功地突破法军的首道防线了，他们顺着公路一路向西奔去。法国人一直天真地以为自己凭借地理优势德军一定无法穿越阿登山区，所以只在马斯河后方增修了一条稀薄的防护带，这就是"小马其诺防线"。正当隆美尔和部队军官谋划如何突破小马其诺防线之时，军团司令克鲁格突然到来。隆美尔将会议讨论的初步计划告知于他。计划基本内容如下：首先由炮兵挺进对方阵地，同时坦克团借助炮火掩护，不断冲击敌方防线；炮兵和坦克全力扫荡敌军火力装备后，由步兵对付剩余的反抗力量；这时，坦克团的任务并没有结束，需要继续向西边挺进，全面摧毁整条防御工事。克鲁格上将对计划感到非常满意，表示将全力支持和配合。当德军的各种大炮向小马奇诺防线内狂轰滥炸时，法军没有丝毫反击，防线内好似空无一人。当然，法军并没有轻易离开。不久，侦察兵就向指挥中心报告，前方发现了地雷群。大部队当即撤离了公路，改在田野中行军。由于田野中道路障碍很多，加上官兵们疲劳过度，德军前进的速度渐渐慢了下来。法军也彻底停止了炮轰。

  当他们穿过一片苹果树林后，一座守卫森严的军事要塞突然出现在眼前。第25坦克团试图迅速突击，但是几次尝试后都不得不宣告失败。但是他们仍旧听从了隆美尔的指挥，随机向各个方向轰击。他们最终找到了法军隐藏的壁垒处，不断有法军士兵暴露在炮火下。法军开始奋力反击，战场上机枪、大炮的声音混杂一团，震耳欲聋。隆美尔知道前方困难重重，他们面对的是一个建造已久的军事要塞，防御工事非常完备，不仅有反坦克壕沟，还有很多反坦克的钢铁障碍设置在道路和田地里。

转眼间，隆美尔部已经损失了两辆坦克。但全师官兵依旧斗志昂扬，在隆美尔一步步的指挥下，一点点取得进展。一边是工兵营依靠坦克和大炮作掩护，迅速搜寻并拆除散布在主干道上的钢铁障碍物；一边是步兵冒死翻越碉堡高墙，用手雷炸毁敌方的枪口瞭望台。战斗进入了白热化阶段，双方都绷紧了神经，因为一旦稍有松懈就会让对方有机可乘。虽然法军已拼尽全力，但德军坦克纵队还是开进了小马其诺防线。随后的几次交手中，法军都未能抵挡住气势汹汹的德国部队。

穿过了森林和湍急的河流，迎接德军的就是一片开阔的平原，向远处望去，甚至可以看到海峡，再也没有什么天然屏障能够保护法国了。隆美尔却没有丝毫懈怠之意，依旧率队连夜赶路。在毫无遮拦的公路之上，他们要做的就是尽力追赶敌军，消灭他们。

小马奇诺防线的背后是一片小村庄。正在这里休息的不仅有当地的居民，还有一些驻守的法国部队。当他们看到德军坦克向自己驶来时，显得十分震惊，没想到防线竟然会被突破，而且速度还这么的快。法国人吓得四处逃窜，德军坦克则淡定地通过了村庄。曾经把坚韧而强大的德国人阻挡住的防线就这样被甩在了身后。队伍越往前，前进的速度就越是缓慢。

道路上堆满了毁坏的车辆，只能先行清理，才能让体积庞大的坦克顺利通过。除了车辆，沿途还有大量逃亡的难民。

其实，在德军主力突破马斯河后，希特勒就下令暂时停止进攻。但是隆美尔师的无线电出现了故障未能及时收到命令，所以一直向前猛攻。按照隆美尔的想法，就是应该一鼓作气，不给敌军任何翻身的机会。5月16日，第7装甲师已经抵达兰德雷斯森林。隆美尔想在天黑之前走出这片森林，防止敌军趁机偷袭。森林里长满了橡树，密密麻麻的，很适合埋伏作战。隆美尔为了防止意外，让所有人在经过森林的过程中保持安静，不能使用任何武器。不过随后他又想到了一个更妙的计谋。他命令所有坦克团成员坐在坦克外挥动白旗，佯装投降。法军见对方不发一炮一枪就举手投降感到非常震惊，不知如何是好。当森林的尽头渐渐出现在眼前时，隆美尔开始下令坦克全速前进。

卢森堡上校的坦克冲得最快，率先冲出森林，开上小道。隆美尔在5辆坦克的掩护下紧跟其后，想要一起冲过森林。但这时法军已经缓过神来了，炮火从四面八方向隆美尔他们袭来，坦克周围的步兵纷纷倒下。隆美尔的坦克在一阵浓烟中被击中，倒在一条斜坡上。幸运的是，隆美尔本人并无大碍，自己慢慢从倒下的坦克里爬了出来。他见冲在前面的坦克纷纷被击中，不断冒着浓烟，心中很是难过，认为武器装备损失得太过严重了。

卢森堡上校见形势不对，调头向森林深处冲来，让野战炮瞄准法军，大肆轰炸一番。经过几个回合的较量，法军被迫撤离，德军在其身后穷追不舍。为了防止对方偷袭，隆美尔留下了一个营在森林口作为防守。入夜时分，法军果然从背后突袭了德军。由于德军准备充分,所以反而先于法军开火,取得了战争主导权。法军虽然装备齐全,但无奈大势已去,很快就放弃抵抗,向外围逃去了。

5月17日凌晨,隆美尔派遣坦克团的一个营继续向西边探路。由于第7装甲师一路狂奔,后面的供给队伍没有跟上,很快就产生了弹药等物资不足的情况。在这种情况下,他们已不敢随意开火,只是在队伍声势上下足功夫。事实上,法军在马斯河和小马其诺防线失守后,心理防线基本已经崩塌,当看到一辆辆德国坦克在公路上缓缓驶来,早已忘记抵抗,纷纷举手投降。隆美尔对这些法国俘虏很是不客气,把缴来的枪械武器放在道路上用坦克碾压,把空置的坦克一一炸毁。这样,他们就真的无力反击了。

再往前几英里,第7装甲师已经来到桑布尔大桥。隆美尔不知是否应该继续前进,因为其他部队已经远远落后于第7装甲师,如果他们相距太远可能无法及时补充军备资源。隆美尔曾尝试用无线电与后方的部队联络,但却因信号故障问题而失败了。他没有选择等待,而是当即率领部下跨越了兰德雷斯河。过河后,按照隆美尔预定的计划,第25装甲团约一半的兵力在摩托化营的掩护下快速前进。很快,他们就遇到了对方的坦克部队。隆美尔没有像别的前锋指挥官那样就地等待后援主力的到来,而是让部队迅速推进,在法军没有准备周全的情况下,冲过防线。这样,原本兵力和战备物资比较优裕的法军反而没能展现出自己的优势,让第7装甲师冲过了一道道封锁。紧随其后的德军主力师很快赶上来,和隆美尔部一道围攻这支法国坦克部队。

隆美尔部在顺利通过南德里希斯后,又前行了9英里,来到了李克陶。这里的法军早已被下令死守防线,大批的坦克、大炮在这里等待着德军的到来。卢森堡上校率领坦克团打头阵,消灭了不少最前线的法军,但紧随其后的其他部队这时却出了很大问题。由于长期疲乏作战,整个第7装甲师都陷入了混乱的状态。整个队伍十分稀疏,50英里长的公路上到处都散落着第7师的官兵和装备。因为坦克无法聚集,根本无法实现全力进攻。相反,法军在这里却有两个装甲师紧密地结合在一起,只要布置得当,绝对能将德军分股消灭。隆美尔不由得冒出了冷汗,意识到问题的严重性。他的装甲师过于分散,以至于自己无法顺利指挥整师重新整合,迎战前方的重兵。如果再不想办法调整当前的状态,那么,不仅整个部队都无法前行,自己的坦克团也有可能全部覆没。

心中盘算一番后,隆美尔决定先让部队原路返回南德里希斯,在那里他可以重新整饬队伍,然后再次杀回来。在返回的路上,到处都可以看见被缴械、正漫无目前行的法军士兵,有时也能遇到第7装甲师落在后面的部队。不久,几个德国士兵前来告诉隆美尔,法军重新占领了南德里希斯。这样,隆美尔部实际已被法军拦截在半路。

隆美尔逐渐焦虑起来。他试图找到每一个走散的第7师官兵,但是越往回走,能够看到的德国士兵就越少。当来到马罗里斯村庄时,他们发现了一辆完好的马克4型坦克。经过简单的查看后,机械师告诉隆美尔坦克只是有些小故障,上面的大炮装满了弹药,完全没有问题,稍事修理即可。隆美尔松了一口气,下令让现在已经找到的德军以这辆坦克为集合记号,同时把法国战俘全部集中于此,逐渐把道路上出现的人员给分清。

从东边赶来的士兵告诉隆美尔，村庄的另一边已经被敌军占领，以德军目前的状况无力与其战斗。经过谨慎思考后，隆美尔决定以马罗里斯为中心等待散落的第7师官兵集结起来，直到有足够力量攻击对方为止。没过多久，一个摩托化步兵连赶来集合。隆美尔认为时机已经成熟，便率领着现有残部向敌方扑过去。

他们开着坦克首先向法军所在的艾费尼斯方向前进，仅仅过了1个小时，他们就遇到了一辆法军军用卡车。德军没费什么力气就制服了车上的法军，将卡车上的重机枪等武器装备据为己有。没过一会儿，他们又惊喜地发现这辆车其实只是法军装备车队中的一辆而已，它的身后还有约40辆装备卡车在等待着他们。第7装甲师在武力的优势下，很快就得手了。期间，隆美尔还亲自上阵用几句刚学会的蹩脚法语去劝降车上的法国人。事情进行得很顺利，隆美尔还把军中剩下的坦克编入这些卡车之中，第7装甲师便浩浩荡荡地开到艾费尼斯，在这里，德军仔细检查了卡车车队情况，保证所有法军俘虏的武器确实被解除了。隆美尔得意扬扬地坐在坦克顶上，看着眼前的战绩，他感到非常兴奋，甚至不介意暴露自己的将领身份。但凡这时任何一个法军俘虏借机刺杀他，那么第二次世界大战的未来走势恐怕就是另外一种景象了。

当天夜里，第7装甲师的其他部队陆续前来报到。隆美尔令下属详细统计了队伍的伤亡和战绩情况。根据当时瓦尔特少尉写下的相关记录，第7装甲师自向小马其诺防线突击开始，已有伤员59人，35人阵亡，同时共俘敌1万余人，缴获100辆坦克、30辆装甲车、27门大炮等战备物资。不过，因为部队一直向西挺进，时间紧迫还需要轻装上阵，所以有很多俘虏和武器无法一一缴获，难以计算在内。在休整齐备之后，隆美尔再次率部向西进发。

这时还在李克陶坚持作战的卢森堡上校正焦急万分地等待着隆美尔率部到来。原来，法军已在李克陶建立了一道新防线，而德军此时因缺乏后援，几乎粮尽弹绝，只是勉强支撑而已。第25团的所有连队在隆美尔的指挥下完成了集结任务，迅速赶到李克陶村，下一步就是突破法军防线，一场硬仗在所难免。果不其然，德法双方当即在这里进行了一场坦克大战。

法军的哈其开斯H-39型坦克和查尔型坦克外壳较厚，火炮口径达75毫米，而德军使用的马克3型坦克和捷克轻型坦克的外壳厚度远远落后于它们，明显处于劣势之中。不过，在正式交火过程中，法军并没有完全发挥其武器优势。虽然第25坦克团的部分坦克被击穿，但法军在战术方面过于呆板，坦克过重也造成了行动不便，让重量较轻、行动灵活的德军坦克占了不少便宜。为了给予对方致命一击，隆美尔调来了炮兵团和反坦克炮营前来助阵，而法军也把重炮调来助威，双方的战斗一直持续到天黑，最终以德军的胜利而告终。

"二战"前期，整个英法联军一共有63个坦克营，而德军仅有36个坦克营。从坦克的外壳厚度及装设大炮的口径来看，英法联军的坦克也明显优于德军的轻型坦克。但事实是，实战中的德军坦克团却屡屡获胜。从战略部署来看，德军将坦克编成10个专门的装甲师，而法军却将坦克平均地分配给步兵，使得力量人为地被分散，无法体现自身优势，反而被力量集中的德军装甲师给一点点消灭了。

在阿拉斯市，隆美尔再次遭遇了英法联军的激烈反击。盟军方面为了挽救西线颓势，唯恐德军将在法国和比利时的盟军部队截断开来，故在阿拉斯集结了重兵，决心背水一战。在对方猛烈的火力反击中，德军部队暂时难以西进。隆美尔采取避敌锋芒的策略，让进攻主力往南偏移。尽量避开重兵把守的高地区域，转向对方兵力较弱的几个村庄地区。

这时的法国战场上似乎早已胜负分明。盟国军队防线的接连失守已经给官兵们的心理造成了巨大阴影，特别是法国人，几乎已经不想再做无谓的挣扎了。很多法军部队甚至不战而败，主动举手投降。与法国人不同，英国人始终坚守战场，因为他们明白，一旦法国沦陷，英国将陷入极度危险的境地。英国人已经做好了战斗到底的准备。英国政府原本希望和法军联手实行反攻，起码要保住巴黎，不能让德国占领法国全境。但是,他们没有料到法国政府和军队那么经不起挫折，几乎是完全放弃的态度，只能破釜沉舟，依靠自己了。为此，英国方面调派了几个坦克营和步兵营向阿拉斯前进，试图发起全面攻击，给德军一个下马威，而反击的对象之一就是隆美尔的第7装甲师。

在这里驻守的英国军队是唯一能够令隆美尔担心的因素。英国人不像法国人那么好对付，必须集中精神，全力以赴，才有可能取得最后的胜利。他并不是杞人忧天，正是在阿拉斯之战中，第7装甲师遇到了自开战以来的最大阻击，伤亡人数远远超过了之前所有战斗的总和。战斗中英国人使用了马蒂尔达式坦克，重重打击了德国的装甲部队。

英军以一个坦克旅做主掩护，率先向德军作出反击。英国人的玛蒂尔达步兵坦克虽然行动迟缓，但胜在装甲够厚，德军的反坦克炮弹根本无法击穿它，这令很多德国士兵傻了眼，顿时慌作一团。英军借助坚固的坦克很快就冲破了德军防线，成功击毁了几辆马克型坦克。

好在隆美尔足够冷静，在他的亲自坐镇下，德军的情绪开始慢慢稳定下来，运用可以反击的武器尽全力反击。隆美尔乘坐着指挥车在战场疾驰，当他发现自己的榴弹炮连被英军坦克逼得直往后退时，果断上前，下命令只准前进不准后退，将所有榴弹炮全部瞄准对方坦克，不管是否能击毁它们。为了鼓舞士气，让所有炮手镇定下来，他时不时跑到炮手身边亲自指导，身先士卒。第7装甲师全身心投入到此次战斗中，几乎所有的装甲武器都被用来对付英国坦克了，其中88毫米高射炮发挥了意想不到的威力。正是在阿拉斯战役中，隆美尔掌握了英国新式坦克的特点，琢磨出88毫米口径的高射炮是英国坦克的克星，为其日后应对英国装甲部队提供了基本信息。

德军88毫米高炮对空猛烈开火

在隆美尔的英勇指挥下，英军的猛烈攻势硬是被顶住了。期间，有炮弹炸死了隆美尔的副官莫斯特上尉。在炮弹落下的那一刻，隆美尔正在他附近，但却毫发未伤，不得不说这是一个奇迹。总之，英军的奋力反攻还是无法挽回盟军的颓势。

阿拉斯之战后，第 7 装甲师开始进入休整期并期待着下一轮进攻指令的到来。出人意料的是，希特勒在德军占据优势的情况下却主动撤销了装甲师继续推进的指令。与此同时，英法联军抓住机会，进行了一场规模空前的大撤退，为后来盟军反攻欧洲大陆保存了实力。

这一战对隆美尔来说更是难以忘怀，他终于真正体会到英国人的可怕了。在他心里，英国绝对是德国在欧洲大陆上的强敌。

相关链接：

1.哈其开斯 H-39 轻型坦克

哈其开斯 H-35 坦克的改进版本。H-35 是法国 1934 年研制成功的一种骑兵支援坦克。为了满足骑兵部队对坦克速度的高要求，法国军方于 1936 年开始加强发动机方面的试验。1937 年，新机型问世。车体本身有所扩大，外表有一个棱角分明的引擎罩子；行驶与悬挂系统得到进一步完善，履带宽度达到 27 厘米；整体重量达到 12 吨以上，但最高时速却增至 37 千米每小时。1940 年起，该型号坦克上开始安装反射观察镜、无线电通信设施及口径达 37 毫米的长管炮。

"二战"时期，共有 640 辆哈其开斯坦克交付使用。盟军方面，有 16 辆 H-39 被调配给北非的骑兵；180 辆被装备为 4 个步兵坦克营。盟军原本希望在 1941 年夏季攻势中大批次使用，故集中了大部分的轻型坦克生产线用于生产哈其开斯型坦克。"二战"中，大多数哈其开斯坦克被作为重型坦克的补充，被分散地配备到了各个摩托化部队中。轴心国方面，德军把俘获的哈其开斯坦克称作 Pzkpfw35H 734（f）或 Pzkpfw38H 735（f），大多用来负责警备工作。1942 年，此类型的坦克被组编成 217、218 及 219 独立坦克排送往芬兰，分派在第 20 山地军下。不过这些部队很快就被解散，坦克也全被拆解。德国人在改造时喜欢在它的炮塔上加一个舱门，改装成弹药输送车、火炮牵引车等等。

北非的维希法国军队第 1 非洲猎兵团拥有 13 辆 H35 和 14 辆 H39，后来由于德法签订了停火协议被保存了下来。这些坦克还曾于 1942 年与登陆的盟军交火，击毁了不少坦克。战后，遗留下的 10 辆 H39 被秘密售往以色列，直到 1952 年仍有一辆还在以色列国防军中服役。

2.马蒂尔达步兵坦克

1934 年，英国军方决定开始研制步兵坦克，并由帕西·S·赫巴特将军担任总负责人（日后正是这位将军在诺曼底登陆中，率领盟军第 79 装甲师取得了赫赫战功）。当时英国军方将相关研制工作交予了国内最大的军火公司——维克斯公司，最终由约翰·卡登爵士设计了 A11 坦克。1936 年 9 月，样车制造成功，经过多方试验，终于在两年后正式到英国部队服役，并正式定名为马蒂尔达步兵坦克（即马蒂尔达 1）。之后的改装版是 A12 坦克，即马蒂尔达 2。

马蒂尔达（Matilda）原是英国军方在坦克制造时为它取的秘密代号。"二战"北非战场上，A12 坦克发挥了巨大作用，被冠以"战争女神"的名号。原来在欧洲地区的古代传说中，战争女神为希尔德加德（Hildegard），简称为 Hilda，正是英语语系中姓名 Madilda 的语源之一，这使它成为唯一一种以女性名称命名的坦克。

马蒂尔达 1 坦克重量仅为 11 吨，只能同时乘坐两人，属轻型坦克。主要武器是 1 挺口径为 7.7 毫米的机枪，战斗力很有限。机枪口径扩展为 12.7 毫米后，由于炮塔设计得太小，给射手操纵射击带来了困难。行军速度不快，最高速度只能达到 12.8 千米每小时。不过，它的优势也很明显——装甲非常厚实，最厚的地方可达到 60 毫米，而且在炮塔周围装上了钢甲，厚度则达 65 毫米，远远超越了德军坦克的装甲厚度。马蒂尔达 1 坦克为实战生产的不多，只有 100 多辆，主要用于 1938 年至 1940 年的法国战场上。在与德军厮杀的过程中，该型号的坦克只有在厚度方面占了优势，使得德军很难摧毁它。敦刻尔克大撤退中，一些残余的坦克被转移到了英国本土，开始作为教练车使用。

英国军方一开始就意识到马蒂尔达 1 型步兵坦克缺陷太多，所以在其正式被推出后，仍继续对此型号加以研究改造。1938 年 4 月，马蒂尔达 2 样车初步成形，第二年 9 月即正式走上战场。"马蒂尔达"2 型坦克的重量增至 26.9 吨，可载乘 4 人，外观比改造前大了一倍。炮塔上的火炮口径足足有 40

毫米，周围有侧护板和排泥槽，装甲厚度也有提升，最厚的地方有78毫米，最薄的地方也有25毫米。阿拉曼战役后，它又被改造成其他类型的装甲车，是当之无愧的"常青树"。

趁势推进——率众疾驰闯火线

在飞快前进的过程中，隆美尔得到了意外的收获。鉴于隆美尔之前的卓越表现，陆军方面决定将原属于第 5 装甲师的两个坦克团调到了第 7 装甲师，使得隆美尔所辖部突然间多了 300 辆坦克，实力大为增强。除此之外，隆美尔又被授予了一枚骑士十字勋章，成为第一位在法国占领区接受此项奖励的军官。

另一方面，负责德军左翼的古德里安和莱因哈特两个军此时距离敦刻尔克仅仅只有 10 英里了。按照"黄色方案"，他们是应该继续前进的，但是却接到了停止前进的命令。希特勒为什么要在这关键时刻出此下策？迄今为止，史学界仍然对此争论不休。有的学者认为，希特勒是想借此争取英国在苏德战争中保持中立；有的学者想的比较简单，认为只是德军刚好需要休整而已；有的则说，这是德国空军想抢功劳，阻碍了陆军前行，等等。不管怎么说，下达这个命令是希特勒在"二战"中犯下的一个非常愚蠢的错误。从敦刻尔克撤回本土的英法联军之后成为战争后期实行大反攻的主力部队。这其中还不乏有一些著名将领，比如后来成为隆美尔劲敌的蒙哥马利。

此时的隆美尔也没能看透其中玄机。短暂的休整期中，他开始想起给家中写信。在信中，他将之前的战争进度一一告知给妻子，还忍不住夸耀第7装甲师的卓著战绩。在他看来英法比三军已被重重包围，不到三个月就能回家休息了。

两天过后，希特勒终于下定决心，立即下达了全线出击令，德军开始向敦刻尔克进发。

隆美尔所部的下一进攻目标定为工业城市里尔，主要任务是封锁敌军西南方向的道路，配合其他部队赢得围歼战。隆美尔不愿再把功劳拱手让人，想要第一个到达那里。当他听说和他竞争的那些师夜晚要宿营时，他非常兴奋，下令自己的部队全力进发，这样就能把其他人甩在身后。

为此，他延续了之前的进军速度，日夜兼程，首先追上了卢森堡上校的领头坦克。连续行军10多个小时后，隆美尔终于带着部队顺利抵达了目的地。驻扎在此的法国第一军团虽然已经接到德军即将进攻的情报，但没有料到他们来得那么快。当时英军还没有集结完毕，里尔城的驻军顿时慌乱起来，当天夜里开始向西突围。在慌乱之中，法军难以制定有效的反击计划，连预定的撤离计划也被打乱。

英法联军大势已去，里尔城注定要失守。他们唯一的退路就是一直往西走，穿过一条公路，一直走到埃门提里斯镇，从敦刻尔克出发，渡过海峡，逃亡英国大陆。里尔城里除了法国第1集团军，还有陆续集结来的一部分英国远征军。英法军队原本是想等英方部队集结完毕后再行撤离，但是隆美尔部来得太快，撤退计划只能提前开始了。

这时第7装甲师的状态并不是很好。虽然他们是第一个抵达里尔城的，但是经过连夜的徒步行军已经非常疲惫了，进攻的势头大打折扣。更重要的是，德军主力部队始终没有跟上隆美尔部的步伐，隆美尔在战备物资供应方面有所顾虑。在第7师身后的第5装甲师还在路上。为了追上前面的隆美尔，他们连续赶路，但是非但没能达到目的，反而把队伍给拉长了。因为他们没有受过连夜行进加攻击的训练，无法及时集结整个师，连前线部队所做的前进标志都找不到。不仅自己丢了一个营，还由于他们救援不及时，使得里尔南部的部队连续受到重创，几乎全军覆没。

所以，德军并没有立即攻打里尔城，而是绕至城西边的罗米村，堵住了英法联军向埃门提里斯镇西撤的后路。负责抢夺罗米村的是卢森堡上校的第25坦克团，预备在这里与防守法军进行一场恶战。在卢森堡准备出发前，曾试探性地问隆美尔是否要亲自领队，毕竟此番战斗将直接影响里尔城能否攻下。隆美尔内心非常渴望去前线战斗，但是第5装甲师还没到，也不知多久能到，他必须在原地等待。根据战时记录，此时的他已经连续进攻了好几日，每天都待在不断前行的坦克或汽车里，根本没有得到充分的休息。这段时间就刚好被他用来调整状态。

这期间，隆美尔再次请副官代笔，给露西写了一封信。他告诉露西，自己正在里尔城西南部这里战斗，最近一切顺利，让她放心。随信还附上了不少最近拍的照片，显得很是甜蜜。

此时，古德里安的装甲部队在敦刻尔克遇到了非常棘手的难题。曾经在6天内贯穿法国400公里的神话在大西洋岸边终结了。一方面英法联军利用当地水洼多的特殊地形，在铁路两道和村庄里进行伏击，严重影响了预定进度；加上之前希特勒所下的停战令，使得盟军方面获得了布防时机，德军反而被动起来。

在这千钧一发的时候，盟军统帅部及时召开了最高军事会议。刚上任的英国首相是一个强硬派，也是务实派。在他看来，虽然欧洲大陆上还有几十万联军部队，但此时已被逼至角落，根本没有还手余地。不如趁着德军还没有完全包围，立刻渡过英吉利海峡，将兵力撤入英国。保存实力，伺机反攻才是明智之举。联军部队上层基本上都表示赞同，只有几位法国军官表示誓与国土共存亡。他们不愿做逃亡者，宁可留下来与德军奋战到最后一刻。

形势逼人，盟军统帅部还是制定出了撤退计划。此次撤退行动由拉姆齐将军全面指挥协调，韦克沃尔海军少将负责船只在英吉利海峡的航行调度，威廉·坦南特海军上校则专门指挥海港和海滩上的船只分配和离岸顺序。他们要求把守在交通要道的部队死守到底，为大部队撤退争取更多的时间。各地的盟军部队接到命令后，分别在格拉弗林、敦刻尔克和尼波特一带建立了防御阵地。而从加莱至敦刻尔克之间的海水水闸被强行打开，淹没了低洼处，古德里安率领的德国坦克部队无法再沿海岸北上了。

德军当然不甘就此回头，等到海水回潮时，坦克群便在不深的积水中继续向前冲去，还不断发出炮火，向盟军发起攻击。但是，事情没有想象中那么简单。炮火落入积水中，竟然引发了大火，德军陷入水火交织的困境里，大批德军坦克因此被烧毁，原来盟军在积水洼中倾倒了汽油和酒精，专等德军上钩。

另一边，英法联军的撤退行动实际已从 5 月底启动。他们的撤离点敦刻尔克是法国北部非常重要的港口，也是开展行动的绝佳地点。这里不仅有好几个可供大型船舶停靠的深水泊位，还有长达 8 公里的码头，可供大量船只靠岸。码头为凸式构造，拥有防止波浪的堤坝，能够有效保障各类船只免受海峡风浪的拍打。通过这套优良的基础设备，30 万英法联军完全可以在两个月内将所有人员装备运送完毕。问题是，他们已经没有那么多时间了。

这个被称作"发电机计划"的撤退行动正式开始。第一批撤离的以联军的后勤部门为主，共计 1312 人。为了加快速度，防止更多的意外发生，英国海军部在港口附近和泰晤士河沿岸到处征用大型船只，还通过广播电台号召民众驾驶自己的船前去支援。大家都明白，一旦计划失败，那么英国就有可能成为下一个法国，整个西欧就会被法西斯政权践踏在脚下……所有人都开始行动起来，商人驾着货船，渔民驾着渔船，轮船公司开来了客轮，有钱人开来了私人游艇……所有能动用的船只都向敦刻尔克聚集，最终共有 861 只船参与了此次行动，其中不仅有英国和法国船，还出现了荷兰和比利时的船只。

5 月 27 日，德国陆军部队已经扫清了全部障碍，直接向敦刻尔克扑来。

英法联军正忙着撤退，身前已无任何新的防线，形势岌岌可危。英国陆军第3步兵师师长蒙哥马利临危受命，凭借其出色的军事才能有力保证了大撤退行动的顺利进行。

蒙哥马利为了迷惑德军，迅速建立起新的战斗防线，决定率部悄悄行进，冲出德军包围之中。他将全师官兵平均分散在600辆军用汽车上，同时在军车减速器上涂上反光涂料，全车仅有后挡泥板下方的灯光发出亮光。等到天色暗下，所有车排成纵列，关闭所有不必要的灯光，后一辆依靠前一辆后方小灯指路。除此之外，道路交叉口设有纠察哨岗，可随时纠正路线。在夜色的掩护下，德军丝毫没有发现英军的突围行动。而蒙哥马利部则连夜行军60公里，顺利在德军到达前建立了一道新的防线，为"发电机计划"的最终成功创造了重要条件。也正是通过这次军事行动，蒙哥马利开始在军中崭露头角，是其成长为一代名将的开始。

5月28日上午，敦刻尔克突降大雾。原本按照计划，德国空军应当派出两个轰炸机队前往，迅速截住正在渡海的英法联军。但照当时的情况，这种天气根本无法出动空军，虽然德军执意而为，但飞机最终还是原路返回。英法军队有如神助，加紧了撤退的步伐。他们开始将部队划分为50人一组的小队，每队都分配一名军官和水手，先坐小船，而且直接利用开阔的海滩作为撤离点。小船入海后，迅速向海上的大船驶去。撤离工作一直持续到深夜，海面上一片闪耀，那是一刻也不曾停顿的运输船只发出的亮光。仅这一天，就有1万多人撤离了法国。

经过长时间的等待,英国远征军一部终于登上"收获者"号驱逐舰撤离敦刻尔克

第三天时,联军已经逐渐掌握了快速撤离的方法,使得整个撤退规模达到了高潮。在敦刻尔克的东部堤岸,这里有着5米的潮位差,严重影响了行动速度。为此,联军发动所有人寻找可以充当跳板的物品,木门、球门柱、屋梁……能用上的都用上了。就连军用卡车也被沉入海下,充当船只入海的临时栈桥。

正午过后,大雾已渐渐散去,德国空军气势汹汹地要弥补之前失去的出击机会。尽管盟军在部分地段开展了有效防御，却仍然挡不住德军从陆海空四面八方的猛烈攻击。德军轰炸机一直在英吉利海峡上空盘旋，海滩上随时有被炮轰的危险。成群的德国战机在海上盘旋，专门瞄准大型船只来轰炸，先后击沉了3艘驱逐舰和5艘大型渡船。联军的7艘驱逐舰遭到重创，英国海军上将拉姆齐只好将最先进的驱逐舰暂时调回，以免造成更大的损失。值得一提的是，英国空军在掩护撤退的过程中发挥了巨大作用，击落了不少德国战机。

除了撤退的军队，大批法国百姓也慢慢向敦刻尔克奔来，所以一时间公路上挤满了车辆。英法联军所能控制的区域越来越小，部分德军甚至已经打到了海滩和航道附近。

6月1日，敦刻尔克港口刹那间成为人间炼狱。德国空军对港口沿岸及附近海域进行了轮番轰炸，海滩、堤道上到处都是火光。不论有多少德国战机在上空盘旋，英国军队仍然没有举手投降，而是按照原计划，迅速而有序地实行撤退。截止到第二日3时，已有26000多人顺利登船，是计划进行以来最为顺利的一天，日后每日撤退的人数还在翻倍增长。

1940年6月2日，希特勒邀请隆美尔前往大本营指挥部，并亲自接见了他。他对隆美尔及其所部的优异表现给予了充分肯定。这标志着第7装甲师在整个德国陆军系统中的地位已经有了实质性的改变。重回战场中的隆美尔身负希特勒的信任和厚望，内心充满了力量，所有的疲乏都被抛诸脑后。

6月4日，"发电机计划"最终完成。英国的新指挥亚历山大将军和部下在一同巡视海滩后，随即率领留下的最后一批英军登上驱逐舰，连夜撤回了英国。此次撤退的盟军数量共计33.8万余人,其中包括21.5万英国军队,12.3万法军和比利时军队,运输物资和弹药器械达50万吨。几乎所有的重型武器都因难以运送,被直接丢弃在沿岸地区甚至沙滩上。

英国远征军将大批重型装备丢弃在敦刻尔克

当晚,德军宣布占领了敦刻尔克。还在柏林的希特勒得知英法军队全部撤退时,激动不已,认为德国人已经完全击败了英国人,不由得大声呼喊:第三帝国无敌!元首大本营还特地举行了一场音乐会,德国国内也顿时陷入一片狂欢声中。

虽然盟军为了完成撤退付出了不少代价,但是这一切都是值得的。绝大多数历史学家和军事家都充分肯定了敦刻尔克大撤退的历史意义和战略意义。在撤退完成后,英国首相丘吉尔在议会上一再强调,虽然战争不是靠撤退赢得的，所以这次救援不能说成是胜利。但是，这次救援中却蕴含着胜利……

敦刻尔克之战后，法国已基本沦陷，仅剩的一条防线就是索姆河—艾斯尼河防线。在这条宽阔的防线上，却只剩下66个师的兵力把守着。法国的精锐部队和装备在防守比利时消耗了大半，在本土作战也损耗了不少，再经过敦刻尔克的撤退之后，国内几乎没有什么力量能够抵挡住士气正旺的德国军队。魏刚将军替代甘莫林将军成为法军的新统帅，虽然知道法国军队已不可能翻盘，但还是积极调整了旧防线，为抗击德国人作最后的努力。

刚刚结束里尔战斗的隆美尔部，此刻终于停歇下来进行整顿。不过休息的时间不长，很快就接到新的任务。

6月5日清晨，霍特将军开始命令所属各部突破索姆河防线。隆美尔则带着新的进攻任务,向艾比运河进发，要找到位于朗普莱和汉格斯特之间的进攻点。第7装甲师要想摧毁索姆河防线，除了要从进攻点过河，还要穿过一个一英里宽的无人区。

索姆河原来是有两条铁路，铁路桥两侧有很长的引桥。索姆河上的好几座桥梁都被法军炸毁了，只有这两座铁路桥下埋了炸药，却没有引爆。先前是因为法军曾希望借助索姆河发动反攻，后来等到想要动手时，却因为隆美尔部进发速度太快，令对方来不及将预埋的炸药引爆。在准备过桥之前，隆美尔组织了炮火等专门轰炸两侧的引桥。很快，炮弹毁坏了引爆铁路桥的炸药电线。这时他们才发现，一端的引桥上并没有埋炸药。这样，德军凭借猛烈的火力掩护，很快就控制了大桥。这是法军的失策之处，如果之前及时毁掉引桥，那么铁路桥自然也就用不成了。他们可以埋伏在对岸的玉米地中，对德军进行有效攻击。一旦有桥，河面防线很容易就被德军突破，剩余的领土就再难保存。

法军在不利的情况下，仍然坚持着战斗，不断向桥头堡发射重炮。前来聚集的德军部队越来越多，隆美尔想要突击的信心越来越足。他让第25坦克团先行过河，转向南面的李奎斯洛尼进攻；跟在第37装甲坦克团身后的侦察营，则专门负责轰炸两侧森林，排除对方埋伏出击的危险；炮兵部队被安排在装甲部队后面，既负责掩护坦克和步兵，也要保证侧翼部队安全，防止敌军搞突然袭击。这样，坦克团就时刻处在重火力的保护下。

1940年6月，德国第七装甲师在索姆河谷中休息，一架侦察机从天空掠过

隆美尔师要对付的是一支法国殖民地部队,里面有很多非裔黑人士兵。这说明,法军主力精锐已经消耗殆尽了。德军在重重优势下,很快就攻占了李奎斯罗尼古堡,还趁机收服了一批法军未能带走的黑人士兵。隆美尔甚至没有下车参观一下这座古老的哥特式城堡,而只是从它的两侧绕了过去,把残局留给了步兵和炮兵。不断推进的隆美尔部已经不再去进攻那些小城镇和村庄了,直接绕过这些小地方,向更大、更重要的目标前进。德国人很了解法国人,除了一些爱国军官,现在根本没人愿意打仗了。所以他们也没有必要浪费武器弹药去动枪动炮,不如全力推行。

法军布置的索姆河防线被突破后,位于南部的法国军队并没有投降,而是趁着混乱分散流入到一些还未失守的大城镇中,最终也没有形成完整的防御体系。隆美尔的装甲师经过长途跋涉已经疲惫不堪,却依旧没有停留下来的意思。他们的进展速度非常迅速,常常令法国部队还来不及作出反击就被强行冲散了。不过,法国部队也开始慢慢变聪明起来,常常在投降前烧毁自己的装备燃料和粮食,不让德国人占到任何便宜。

不久,第7装甲师接到了霍特军长传来命令,要求他们暂缓向8英里外的蒙特格尼村进发。在那里,德国俯冲轰炸机把地面炸成了片片火海。不过,没想到隆美尔部的前进速度太快了,差不多都超越了飞机航线。隆美尔便立即下令就地设防,与地面的法军坦克部队和炮兵部队打成一团。午夜时,战斗结束,隆美尔向上级报告了战果:法军已被第7装甲师击溃。

隆美尔师没有停留，继续进行越野式行军。他们似乎已经习惯这样的生活，不论是翻越山谷，还是夜走森林，总是如履平地，没有任何的含糊。坦克与卡车有秩序地排成列队，在路上扬起阵阵沙土，战争带来的萧条感油然而生。之后的第7装甲师又先后占领了南方的艾普利希尔村和波依克斯村。像第7装甲师这样的陆地部队还能接收一些法国俘虏，而德国斯图卡轰炸机所到之处，无一不是战火连绵，死伤大片。它们是最残忍的杀人工具，但不得不说，隆美尔的胜利，德国的胜利是离不开它们的身影的。

德军在胜利跨越索姆河之后，还有一道塞纳河防线需要解决。

隆美尔的上级霍特将军是一位经验丰富十分老到的指挥官，一直以来对隆美尔敢闯敢拼的劲头很是欣赏。既然法军已无力在塞纳河前建立新的有效防御了，他想，不如让隆美尔部自由发挥，看看这支部队到底能行进多快，能走多远。接着，霍特与卢森堡上校进行了会面，除了对其战功予以肯定，还令他继续南下至鲁昂。

从鲁昂市到艾普利希尔村有50多英里，两地间只有两条公路可以通行。隆美尔却延续了之前的作战格调，不走正道，专走野地小道，甚至从村庄里绕行。这样往往能达到出奇制胜，躲避敌军侦察的效果。相比之下，盟军装甲部队在反攻前后，始终都只会在公路和村庄外围进攻，没有一支可同德军第7装甲师媲美的装甲越野行军部队。

德军摩托化步兵和坦克团又开始新的征程了。他们在田野上飞奔着，让在公路上层层布防的法军傻傻等待着。沿途中，他们没有见到法军，倒是遇见不少逃命的平民。卢森堡的坦克团只用了一天就走过了一半路程，来到了梅勒法尔附近的一座小山上。而隆美尔已经完全不担心之后的战事了。在他给露西的信中，他兴奋地告诉妻子，胜利的日子即将到来，他已能安心入眠了。

最后一击——塞纳河畔定乾坤

在隆美尔师的猛烈冲击下，法军没有意识到自己原本是可以出动部队袭击德军侧翼的，这样就能将德军部队一截两段，分股消灭。鲁昂是法国重要的重工业城市，拥有丰富的自然资源，是非常重要的经济城市和战略要地。此地地势平坦，易攻不易守，这给即将到来的隆美尔师提供了便利。而盟军没有选择中途突击德军，却将不少步兵部署于此，实在不是明智之举。

第7装甲师得到了极佳的发挥空间，自然是全力前进。隆美尔计划部队先过安地里河，然后再往鲁昂的东南部进发，这样不仅可以穿越安地里防线，还可以出敌不意,迅速拿下鲁昂。不过在向安地里进发的过程中遇到了一些意想不到的新困难。首先是德军坦克无法越过1米多深的河水，一旦入水便立刻熄火。正当德军一筹莫展之时，几个英国士兵竟然往河对岸走来，宣布向德军投降。他们无意间走过的地方正是河水最浅处，这让德军坦克一下子找到了可以渡河的通道。工兵们立刻到处搜寻石板铺垫在这块稍浅的河面处，终于让坦克过了河。

过河之后，德军没有走上大道，而是继续选择越野前进。经过的村庄里早已空荡荡，村民都提前逃亡了。盟军并没有排兵布阵，中途截击，而是死守在鲁昂城中。晚上10点，第7装甲师已经来到城市的东面。

按照隆美尔的想法，一边直接用大炮轰击鲁昂城，在声势上镇住敌军，另一边让主力部队趁势攻击鲁昂西南方向，去占领塞纳河上的桥梁，甚至一鼓作气冲过塞纳河防线。如此这般，鲁昂必然只能投降了。其实，在隆美尔的心里，冲过塞纳河防线更为重要，因为这是获取头功的关键。不过，计划在执行时并没有想象中那么简单。德军右翼的炮兵还未靠近鲁昂城，就与防守在外围的联军部队激战了一场。这样，原先速战速决的战略构想被打破了，炮兵被死死拖住。直到凌晨，右翼的德军部队才完成预定的炮击计划，并最终占领了鲁昂。

此时的隆美尔早已带着第25坦克团朝着塞纳河方向出发了。他还在思考，如何快速拿下索姆河和塞纳河之间的大片地区。第7装甲师很快接到了目标任务，他们要沿塞纳河北岸推进，到达临近大西洋的勒阿弗尔。他们越快达到这座海港城市，那么就能消灭更多即将逃生的英法军队。卢森堡率领坦克团和侦察营先行出发，负责在前方探路。很快，侦察营回报，前方公路已经被联军完全破坏，但并没有布下雷阵。于是，隆美尔带着后续部队绕过了毁坏的路段，直接在野地中行军。这是他们的强项，敌军的行动并没有对计划造成太大的影响。

在勒阿弗尔，屯集了大量准备从海上撤走的英法部队。隆美尔毫不留情地让装甲部队向港口开火，以逼迫他们投降。在高射炮的威力下，联军狼狈四窜，根本来不及登船离开。隆美尔把高射炮当成了野战炮，到处轰炸英法联军，并始终保持较快的推进速度。第7装甲师只用了24个小时就冲到了大西洋边上的皮提特斯村庄。德军终于来到了法国西海岸。

这些德国军人以胜利者自居，纷纷在海边照相留念。就连隆美尔也忍不住走下指挥车，在海滩上漫步起来，享受着胜利的喜悦。隆美尔并没有沉浸在胜利中不可自拔，而是命令部队继续向北进发。第7装甲师又开始了残酷的行军生活，他们正想方设法绕过一个个敌军据点，朝迪厄普进发。

说他们日行千里也不为过。仅仅用了一天，他们就行进了60英里，并在迪厄普以西和英法联军的几个师展开激战，最后取得了胜利——夺下了两个港口，击毁了一些军舰。装甲师获得如此大的战绩，隆美尔才完全放下心来，就像他给妻子的信中所说："我终于可以洗个热水澡和睡个安稳觉了……"

隆美尔师继续沿着海岸北进，这次的目标是圣凡勒里。这里尚有不少未来得及撤走的联军部队。为了掩护这些人撤走，负责防守的部队已经在那里布置了重炮营和反坦克营组成的双重阵地，准备同德军决一死战。另一边，城内的军队也制定出了撤退计划。他们预备先乘坐小船划到离海岸不远的海面上，那里有自己的运输船和巡洋舰在等候。

隆美尔很快看穿了对方的意图。所以，卢森堡的坦克团没有直接冲到南面敌军的封锁线内，而是指挥坦克开往圣凡勒里西北方向一块地势较高的地方。坦克在高处直接往不远处的海港开火。一开始，隆美尔部使用的是能够有效对抗英军坦克的88毫米高炮，但是，非但没能击中舰艇，反而接连被对方的舰炮所伤。用炮兵对付军舰，这是隆美尔第一次遇到的状况。作为陆军，能够与军舰对战实属"不易"，隆美尔却并没有因为没有经验而苦恼，而是想方设法去找钳制敌方的方法。88毫米高炮不行，他就让炮兵部队改用100毫米的重炮轰击。果然，没过一会儿，一艘轻巡洋舰中弹了，慢慢向海边漂来，直至完全搁浅。对于这个"首次"，隆美尔很是得意，他这个大陆上的德意志人竟然把昔日的"海上霸主"打击得如此狼狈。这样，停靠在岸边的小船只能被迫起航，以免造成更大的损失。那些原本要撤离的军官和士兵望着还没满员的轮船就此离去，忍不住连声叹气，但却无可奈何。

敌人的运输船已经被德军赶跑了，这些胜利者不想再做无谓的牺牲，因为剩下的敌方部队已经是英法最弱的力量，不值得为此浪费一兵一卒。他们开始运用心理攻势，向惊慌失措的敌人提出投降不杀的建议。脆弱的法国人几乎全部都宣告放弃抵抗了，全体英国人则坚决要奋战到底。其实，余下的士兵们已经做好了被留下的心理准备。

隆美尔没有放弃招降的计划，他让几个已经投降的俘虏回到城中做劝降工作，希望能够不费兵力和装备，迅速占领这座城市。余下的守军果断拒绝了劝降者，战俘们空手而归。隆美尔猜测他们是想拖延到晚上，这样就有机会趁黑突围到海边逃离，但德军早已做好战斗的准备。夜幕落下时，隆美尔指示炮兵向城中开火，守军则全力反击。第7装甲师不能再像平常那样采取战术进攻，而是采用步兵攻城的方式，以求用最快的速度完成攻城任务。

圣凡勒里城很快在德军的炮火下被攻破了。隆美尔以胜利者的姿态乘着指挥车在城中巡视,查看自己部队的战果。城中到处都是德军炮弹"造就"的伤亡者和废墟,还有英国军队自己烧毁的储备物资——为了不让德军二次利用。不过,因为时间太紧,所以很多武器弹药还是被保留了下来。大量的军用车辆、坦克和大炮拥堵在街道上,到处都很混乱。

隆美尔的指挥车将城内各处跑了个遍,最后来到了城市中心的广场。在这里聚集着所有被缴械的英法俘虏。俘虏中还有一位法军的高级军官伊勒将军,正是他下令让所部缴械投降的。这位法国第9军的军长见到隆美尔后非常激动,甚至尝试用不太流利的德语同隆美尔交流。他告诉隆美尔,要不是德军来得太快,他们就能及时与后援会合,也就肯定不会轻易放弃抵抗。当他得知眼前的这支部队就是大名鼎鼎的德国陆军第7装甲师时,不由得叫嚷起来:你们就是魔鬼之师!原来隆美尔部的名气早已在联军中传播开来。第7装甲师一直全速前进,超越了很多英法机动部队,阻拦了他们之间的相互会合。他们神出鬼没的突击行动将对方的战略计划一再打破,因而被敌营称之为"魔鬼之师"。

还有仅剩的几支英军隐蔽在海边的岩石处,想要进行最后的伏击战。军官们不断呐喊,鼓舞士兵们奋战到最后。德国人可不会手下留情。面对弱敌隆美尔丝毫没有含糊,机枪营冲在最前面,向岩石处来回扫射,让对方一时间难以招架。胜负已无悬念,到最后英国军队还是举手投降了。

英国人对待失败的态度也很淡然。当法国人为战败投降感到垂头丧气时,英国人却聚集在一起谈天说地,并没有流露出战败者的颓态,他们始终保持着内心的骄傲。当隆美尔邀请这些被俘的将军共同赴宴时,他们都婉言拒绝了——没有必要给机会让战胜者羞辱自己。

圣凡勒里一役,英法联军共46000多人投降(英国人只占17%)。隆美尔又忍不住写信告诉妻子,自己再次立下了大功。更令他激动的是,在圣凡勒里城是由一位敌军军长和4位师长亲自来向他投降的。那种居高临下的荣耀,让他沉醉不已。纳粹党宣传部门也已经采集了全部的战斗资料,准备编辑剪集成电影纪录片,将在国内的新闻和剧场中反复播放。他和他的第7装甲师终于要成为受国民崇拜的战斗英雄和英雄部队。

至此,法国战场大规模的战役基本宣告结束。塞纳河防线被德军攻破后,法国基本就处于丧国状态了。再也没有任何阵地可以守住首都巴黎了,法国向德国投降已成定局。从19世纪末的普法战争,到20世纪初的一次大战,再到"二战"的此刻,德法两国之间的恩怨再一次被加上了浓墨重彩的一笔。

德军占领巴黎

6月6日,贝当正式接替保罗·雷诺担任法国总理。贝当是一位法国军人,"一战"时期因指挥了著名的凡尔登战役而成为法国英雄,此时他却一步步走上了成为希特勒傀儡的道路。当然,也没有比这时候担任法国总理更倒霉的事情了。这位新上任的总理要干的第一件事就是向德国政府求和讨饶。其实,这位因"一战"成名的将军不是没有其他的选择。不少法国高层将领曾建议在北非殖民地建立临时政府,在新的指挥部中继续领导法国人民抵抗轴心国。在他们看来,只要政府还在,民众就能心怀希望,复国大业定能完成。贝当却拒绝了迁移政府继续抵抗的建议,执意要与德国政府和谈。此举一出,国内外一片哗然。身心疲惫的战士们内心更加绝望,最后一点斗志都渐渐消退了。

法国维希政府成立,希特勒会见贝当

此时，德军在法国战场的军事任务只剩下一点扫尾工作了。隆美尔部的最后一个任务是占领科唐坦半岛上的重要港口——瑟堡。为了加快速度，隆美尔再次调整全师队形，将之前的锥子队型转变成一字纵队。因为已经不会有什么军队来袭击他们了，不需要再做一个保护圈来保卫坦克部队，而且一字队型也有助于加快行军速度。

国土被占，政府却要和德国签订休战协定，连普通百姓也看不下去。隆美尔指挥着第7装甲师，雄赳赳地赶着路，一路经过不少法国的村庄，见到无数怀着幽怨眼神的村民。曾有一个男人拿着自家的土枪向隆美尔冲去，想要干掉这位德军指挥者。但是，法国俘虏们却拦下了他。毕竟死一个人并不能改变现状，反而可能招来更残酷的屠杀。所有在场的法国人只能以痛哭来为这次苦涩的失败之举收尾。法国人的落魄伤心不会让隆美尔和这些德国军人感到同情，反而会觉得可笑。德国人更欣赏为国家奉献生命、拼死一搏的战士。

当隆美尔和他的先头部队抵达瑟堡附近时，他们的装甲师主力部队和装备还在100英里开外。现在可供隆美尔调遣的，只有身边的一个营队。按照常理，他们应该等到后续部队陆续到来后再采取行动，但隆美尔就是敢出奇制胜，再加上急于立功，就带队先行出击了。

当时法国政府的休战令已经下达了，不过很多地方部队依然坚持对来敌还击，而瑟堡正是如此。这里的法国守军在城市周围设立了牢固的路障，并驻有防卫部队，要塞所设的大炮也已经瞄准了皮克斯以南的德军部队，准备给随时到来的德军一点颜色看看。果然，隆美尔的突击没有起到作用，血战中折损了不少兵力。初次交战后，隆美尔不再轻易出击了，而是耐心等待后方援军的到来。第7装甲师主力抵达后，新一轮的攻克瑟堡行动又开始了。

隆美尔将第6步兵团安排在前，要求他们率先杀出一条道路。不过，步兵团团长恩格尔上校很快告诉隆美尔，经过代表谈判，路障后的守军表示要投降。话还没结束，一枚炮弹就在德军中央炸了开来，四周顿时火光一片。战斗十分激烈，虽然德军推进缓慢，但毕竟当前德军优势明显，瑟堡迟早还是守不住，继续战斗只能换来无谓的牺牲。法国中央政府已经从巴黎撤往维希，全国的战斗基本结束，他们还有必要拼死抗战到底吗？

经过慎重的考虑，瑟堡的海军司令终于做出了决定。瑟堡炮台的所有火炮全部重新向德军发起轰击，英国军舰则通过海上交通线前来支援，停置在高处的德军炮兵部队一下成了联军舰炮的捕杀目标。英法联军的大炮数量加起来已超过了100门，小小的德军炮兵团根本无力反击。一时间德军损失惨重，不仅丧失了众多火炮，连隆美尔的临时指挥部也被炮火摧毁了，好在本人没有大碍。面对险境，隆美尔只好和身边的守卫暂时隐蔽起来，想等到炮火较弱时再伺机突围。

联军的炮火丝毫没有要停止的迹象。隆美尔只好在守卫的护卫下冒着危险，乘车撤退到索特维里。这里距瑟堡足足有9公里，也是第7装甲师的总后方。但现在大本营中的兵力和装备还不够用以反攻，他们必须等卢森堡上校的第25坦克团和其他步兵团到这里会合。问题还不止这些，由于前方部队行进得实在太快，大后方的重炮营负重太大，交通道路又被敌军破坏的很严重，使得一些营队根本无法跟上队伍，难以发挥应有的战备作用。

隆美尔很清楚，如果想要顺利在气势上压倒敌军，就不能再行拖延攻势了。所以，他无视当地地形不适合坦克作战的现实，让第25坦克团和第7步兵团将附近的托尼维里村作为反攻基点。或许法国真的是大势已去，在两支部队进发的过程中，卢森堡上校竟然在半路上找到了一套被联军不小心落下的瑟堡要塞轻重火力配置图。图本最终被交到了隆美尔手中。

隆美尔再次召集各部军官召开军事会议，重新规划了全师各部的进攻方向。他自己不愿坐在后方通过无线电来了解前线战况，于是和其他人一样冲向了前线。这样他就能及时了解战场形势，并随时做出兵力调整。出击后不久，他就和步兵团的冲锋部队发现了一个宽敞的地下兵库。这里是一个视线非常开阔的绝佳观测点，只需一架军用望远镜就可以观察到海军造船厂和港口内的所有情况。经过仔细地观察，隆美尔发现港口内的重吨位船舶早就离岸了。原来英军已经先行撤离了，只剩法国人留守下来守卫这最后的要塞城市。

在了解敌方内部的基本情况后，隆美尔下令让所有的德军坦克瞄准要塞开火，准备给城中的法国人一点厉害。然而，之前已经停火的要塞却陷入了长久的沉默之中，没有一点要反击的迹象。此时夜晚已悄然降临，这时再进攻的话很容易遭到对方的伏击，故隆美尔决定暂时停火。恰好大后方的重炮营此时前来报到，隆美尔便决定再次重布军阵，待到天亮之时，就是第7装甲师大反攻之时。

经过隆美尔的精心布置，火炮都布置在最易发挥火力的位置，且炮头一致朝向瑟堡。隆美尔迫切地希望明日一役能够彻底结束这次任务。要知道，瑟堡是联军的一个重要的海军军事基地，常年重兵把守，若隆美尔仅用一个师就占领这里，那该是多了不起的战绩！同样情况在1944年又再次发生，只不过那时是英国人攻打，德国人防守，而英国人更是派遣了整整一个军花了一个月的时间才成功攻破此要塞。

天将要亮起的时候，隆美尔忽然改变了主意。他抱着能省事就省事的态度，再次让军中的法国战俘前去瑟堡劝降。不过，这次负责防守的法军显得强硬得多，并没有轻易如他所愿，反而将炮口瞄准了德军，准备再次开战。隆美尔失去了耐心，便下令各部的炮火一起向目标位置开火。德军88毫米高射炮成为守军最要命的威胁，渐渐地，德军占据了战局优势，考普莱兹炮兵要塞被德军第6步兵团拿下。

战斗最为激烈的地方在海军船厂。船厂内的守军向外围的四面八方不断地开火，不让德军钻到任何可以进入的空子。德军方面决定双管齐下，一边派人劝降，一边保持充足的火力，让对方处于被动之中。赶来的巴黎国会议员和瑟堡警察局局长亲自来到德军指挥部，表达了想要和解的意思。当然，他们根本无法决定法国守军的行动，但是却表示可以按照德方的要求去船厂说服军队。隆美尔答应了他们，不过限定他们在13点前办好投降事宜，若没有及时劝服军队，那么德军将全力开火，直至战争结束。

眼见时间临近，法方依旧毫无表示。突然，上空传来尖锐的呼啸声。那是德国的容克Ju-87俯冲式轰炸机发出的怒吼声。上空的战机不断来回往复地盘旋，想要找到最佳的投弹点。观察结束后，战机开始不断向要塞投入炸弹，第7装甲师则在陆上与之密切配合，船厂内部顿时火光一片，并不时传出守军凄厉的叫喊。船厂内已是浓烟阵阵，至此，隆美尔把之前投降的法国将军叫来，彻底搞清了船厂的内部情况，德国步兵趁机进入并占领了船厂。

虽然要塞内的守军已经溃不成军，但隆美尔丝毫没有停火的意思。在他看来，对方没有投降前，他们是没有必要手下留情的。纵然再不情愿，此时的法国人也不得不投降了。最终，一帮法军军官走出来肩负起办理投降事宜的责任，双方的炮火也暂时停了下来。

受降仪式被安排在傍晚5时举行。仪式还没有进行前，隆美尔就带着几名贴身士兵直接驱车进入瑟堡市内，赶往海军司令部——仪式正是在那里举行。他身着带着军衔徽章的军服，一点也不惧怕有敌人会趁机刺杀他，反而带着下级到处查看城中的重要地点，如港口、火车站，想要弄清城中的情况和装甲师的战果。他发现，英国人虽然成功撤走了，但几乎留下了所有的军备物资。只有水上飞机基地里是空无一物，飞机可能是被用来运输英军撤退了。坦克、军用卡车、机枪和弹药堆满了仓库，这让隆美尔喜上眉梢，还因为他赶走了顽强而厉害的英国人，而剩下的法国人根本不值一提。他的内心渐渐升起新的渴望，那就是穿越海峡，彻底占领英国大陆。

5时，受降仪式准时开始，隆美尔率领师部里的德国军官向会场走去。所有在场的军人，包括投降的瑟堡守军纷纷在车道两旁向隆美尔行军礼致意。此时，作为第7装甲师最高长官的隆美尔内心的激动可想而知。谁也不会想到，曾经的步兵少尉竟会站上如此闪亮的历史舞台，而隆美尔自己追求赫赫战功的梦想在此刻已完成了一半。带着无上的骄傲，隆美尔向军官们还以军礼，并发表致辞。他郑重宣布，自己以该地区最高指挥官的身份接受法国守军的投降，表示很高兴在战斗中瑟堡市民未受到伤害。随即，他按照约定签署了保证书，保证德军不再对此地区进行军事攻击。

瑟堡战役后，第7装甲师基本完成了在欧洲大陆上的使命。据相关战史资料统计，隆美尔所部在"二战"中共俘虏了近10万人，缴获敌方5000余辆汽车，近500辆坦克和装甲车，还有300门大炮和反坦克炮。相比之下，他们的损失显得微不足道。开战以来，第7装甲师官兵阵亡数量约700人，负伤者有1000多人，坦克损失数竟然不到50辆。他们取得如此辉煌的战绩是可以理解的。为了迅速夺得瑟堡地区，他们可以连续行军240多英里，6周内就跨越了大半个法国，是最先抵达瑟堡的德军部队。这样的部队，他们赢得起赞誉。

1940年6月22日，这是法国的国难日，也是屈辱日。在巴黎郊外的贡比涅森林，正举行着德法休战协议的签字仪式。德国人竟然把一节火车车厢弄到了签字现场。而这节车厢正是1918年11月11日德国代表签署对同盟国投降书的地方，德国人在第一次世界大战中所遭到的羞辱终于报复在法国人的身上。至此，法国全境沦陷，其世界第一陆军的头衔彻底被击碎，只留下一个傀儡维希政权苟延残喘着。

战争暂时告一段落，隆美尔终于可以回国和妻子团聚了。但他的矛盾心理再次出现，一方面和家人团聚让他欣喜不已，另一方面又害怕战争就此结束，再也没有第7装甲师的用武之地。然而此刻他除了等待希特勒再次予以重任，也没有其他的选择。

回国后，他的生活较战前有了翻天覆地的变化。不断有新闻媒体的人来主动联系他，希望可以为他写点宣传材料，甚至表示可以为他撰写人物传记。记者和作家们之所以那么活跃，无非是想借助隆美尔的巨大影响力大赚一笔，顺便也拍了德国法西斯政权的马屁。不过，隆美尔并不买他们的账，觉得这些人纯粹只是想借他发财而已，不愿花费工夫来便宜他们。他的贴身警卫瓦尔特因此成了抢手货，各个都想要通过他来打探隆美尔在战场发生的种种轶事。这位警卫倒也不客气，对这些媒体讲了不少隆美尔年轻时候的军旅生活故事。隆美尔对此倒没有表示不满，反而乐得其成，很享受成名的乐趣，并时不时主动把自己年轻时的人生经历告诉瓦尔特。而瓦尔特对待这位上级很是崇拜，到处不忘收集材料，想要写一部隆美尔的传记，让国内外的人都能够见识到隆美尔的威名。

事实上，在战争期间，这支装甲师和它的领导者就声名在外了。这支部队总是能够出其不意地出现在各个角落，给予对方以致命一击，所以被大家称为"魔鬼之师"。而在国内更是不得了，第7装甲师成了德国陆军部队的焦点，隆美尔甚至被人们奉为"战神"。

隆美尔的成功绝不是徒有其表，以往的种种均能表明，他是一位非常出色的军事指挥官。战斗时，他永远不会纸上谈兵、中规中矩，而是敢于突击、灵活应对，不论对方兵力和武器有多么强大；他永远不会坐以待毙、默默等待，而是不断前进、不断进攻，不论敌我实力是如何的悬殊；他永远都不会只坐在后方指挥部里指手画脚、口若悬河，而是和战士们一起在前线冲锋，无论前面的炮火是多么猛烈……在他的垂范下，第7装甲师的坦克大军常常昼夜连续行进，多次打破德军的越野纪录。有些时候，后续大部队落后太多，难以联系到他们，甚至不知他们死活，造成无法及时给他们增补物资。为此，后勤部队的军官多次和隆美尔发生争执，但他依然我行我素，还责怪后勤部队行动过缓，造成与前线失联，影响了战争进度。

德军之所以能够在法国战场上取得重大胜利，与其正确的军事战略分不开。德军率先强渡的马斯河是法军防御体系的重要组成部分，一旦成功就可以在法国平原地区直接向法军发动攻击；其次阿拉斯之战的胜利非常关键，这使得英军想要将德军截成两段的战略被打破，令前线德军拥有了充足的后备力量，为隆美尔师击退英国人打下了基础；其三，德军在渡过塞纳河后，采取迅速西进的策略，将大量法国军队包围起来，使他们没能如期撤退，最终成了俘虏。而这些战略目标的实现都与隆美尔第7装甲师的飞速推进有着十分密切的关系。

当然，除了隆美尔个人指挥有力外，还有很多主客观因素。从主观方面来看，德国民众在法西斯政权的鼓吹宣传下，完全被"民族复仇"的动人口号所蒙蔽，尤其是青年人，纷纷摩拳擦掌，想要在战场上建功立业。而德国人坚韧而死板的个性注定他们在这条扭曲的"复仇之路"上越走越远。

从客观条件的角度来分析，当时德军重新确立了闪电战的军事战略，所不同的是，在其中加入了最新的军事科学成果，使得这套军事进攻方案日趋完备。相比之下，对战的英法联军没有注重更新军队的战略思想，也没能甩掉"传统军事大国"的优越感，在德军的进攻中常常处于被动状态。

胜利或许只是一时的，但对隆美尔来说，这次的法国之战却让他积累了更多关于战争的经验和体会。在这两年中，隆美尔通过在一线的战斗，对联军的战备状况有了充分的了解，并且渐渐形成了一套有针对性的对抗战术。战争也促使他完成了心态的转变。在战争中，他也曾负过伤，好在都伤在腿部，而非要害部位。距离死亡如此之近，他却更加坚强。他不再轻易为死亡和离别感伤，内心更加强大，逐渐成为一名冷酷的德国高级军官。

隆美尔还在战争中找到了归属感。战斗中，他永远冲在前面，让下属产生难以抗拒的亲近感。他敢于打破常规，却又总能获得巨大成功，仿佛无所不知无所不能。他成为第7装甲师全体官兵的超级英雄，大家都将对他的忠诚化为部队不断往前冲的动力，对任何的军事安排都绝对服从，因为他们相信隆美尔会带领第7师走向胜利。

隆美尔在名利双收的同时，还将面对其他类型的诱惑。在驻扎瑟堡期间，第7装甲师终于有了休息整顿的大把时间，连隆美尔都会偶尔出去看看风景。在海滩上到处都是法国美女，有一些甚至想主动搭讪，但隆美尔根本无暇顾及这些，而是和部下加紧商议如何对步兵团加以训练并计算和整理物资储备，为攻占英国大陆做最后的冲刺准备。这个名为"海狮计划"的战略目标，耗费了隆美尔不少心力。他曾亲眼见到英国空军与德国空军间激烈战斗的场景，知道英国不像法国这般好搞定。仅仅靠坦克和步兵是完全不行的，要占领英国本土，必须要在制空权上下足功夫。但对于空战，可不是他隆美尔能够掌控的领域了。

除了为"海狮计划"准备登陆物资,他还和警卫瓦尔特整理了此前在法国战场上所写的日记。他的日记可不是单纯记录什么私人事务,更多的是对于各场战斗的计划和总结。此外,他们把开战以来产生的所有文件都一一整理出来,如上级下达的命令、指挥部往下下达的命令、下级上交的战斗报告,甚至还有大量的手绘地图和纪念照片。敌军方面的材料他们也有收集,有关第7装甲师作战情况的新闻报道他们也收集……隆美尔之所以大费周章地干这些事,无非是想在自己晚年的时候编写一部比《步兵进攻》更为完备的战术著作。

经过一段时间的整理,第7装甲师的战争史专著终于得以完成。隆美尔将其中的一套精心包装后寄送给了希特勒。希特勒很给他面子,在收到书籍后迅速给他回了一封信,告诉他:你所做的一切值得骄傲。接到回信的隆美尔简直高兴坏了,不知情的人都感到莫名其妙,不知道什么好事竟然令这位严肃的长官兴奋得几近失态。

隆美尔和第7装甲师名声大噪,其中一个重要因素就是德国纳粹政府的宣传工作。为鼓吹对外扩张,政府大力宣传战场的胜利。负责此项工作的是宣传部长戈培尔,他与隆美尔有些私交,想借助隆美尔和第7装甲师的战绩鼓动更多的国内青年参军走上战场,为希特勒政权效犬马之劳。当时戈培尔正在筹拍军事纪录片《西线的胜利》,为了增加片子的看点,不仅将"魔鬼之师"作为影片的主角,还特意请隆美尔担任名誉导演和军事顾问。为了神化隆美尔和他的部队,他们甚至把第7装甲师同《圣经·启示录》中的骑士联系在一起,宣扬他们是魔鬼的军队,战无不胜,攻无不克。

隆美尔和他的作战部队已经功成名就,但对隆美尔自己来说还是不够。因为他还缺少点军事上的功勋认可。战前与隆美尔同级别的军官此时都被提升为中将,而带领部队取得如此辉煌战绩的隆美尔却没有得到任何的升迁。隆美尔将荣誉视作生命,因此内心一直有一块疙瘩,不明白为什么元首还不嘉奖他。战后希特勒的确召见过他,那次他兴高采烈地去了,认为这次肯定能够升迁或者获得一枚橡叶十字勋章。不过很可惜,那只是一次象征性的会谈而已。

转眼到了9月,德国与英国的空战已经打得如火如荼。隆美尔依旧没有接到新的战斗任务,实现登陆英国大陆的计划依旧遥遥无期。随着天气的变化,该计划能够成功的概率也越来越小了。隆美尔摸不清希特勒下一步准备干些什么。他曾向一位柏林的老学者请教,学者的话却让隆美尔大吃一惊。在老学者看来,德国不日将加入到非洲战场的厮杀中,而隆美尔不久前才被希特勒告知德国绝不会介入非洲战事。

这回确实是隆美尔错了。1941年2月,希特勒在总理府接待了隆美尔。他给隆美尔看了一些外国杂志,上面全是英国部队在非洲战场如何击溃他们的轴心盟友意大利的新闻报道。希特勒表示想要把隆美尔派去,作为反击英军的秘密武器。他亲自为隆美尔分析了非洲战场的形势,告诉他英军刚刚长途跋涉攻占了昔兰尼加,如果这时隆美尔能够带领一支德国精锐之师赶到的话,定能乘机扳回一局。随即他任命隆美尔为非洲军军长,兼任德军驻利比亚总司令，统率第 5 装甲师开赴非洲战场。

面对新头衔和新任务，隆美尔内心有抑制不住的激动。终于，他将再次踏上征程，向那陌生的非洲大陆奔去。

救援意军——"沙漠之狐"显功力

非洲战场的复杂形势并非是希特勒口述得那样简单。

"二战"爆发前,英法两国就达成了共同守卫非洲的盟约,同时还计划控制地中海地区,以便今后挟制驻守在非洲地区的轴心国之一意大利军。但是,他们没有想到,德国人那么快就攻陷了法国本土,开始向大不列颠岛攻击。英军驻守中东的总司令阿奇博尔德·珀西瓦尔·韦维尔将军只能率领着10万人不到的部队与意大利军暂时僵持着。

非洲战场的形势对意大利军很是有利。墨索里尼见此情形自然是得意万分,觉得打败英国,夺取资源的时机已到,很快便对英法两国宣战了。意军由鲁道福·格拉齐亚尼元帅带领的北非集团军进攻埃及。意大利军这样安排的意图很明显,就是想夺得苏伊士运河和红海的所有权,彻底断绝英国政府的战备物资来源。

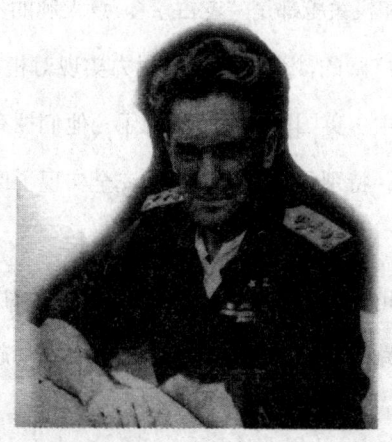

意大利陆军元帅鲁道夫·格拉齐亚尼

北非战场的战况更为激烈,因为有 2/3 的英军驻扎在这里。1940 年 9 月,意军向埃及发起了进攻,英军并没有拼死抵抗,而是全线撤退。意大利军本想趁势追击,无奈后方供给不给力,追到埃及边境西迪拜拉尼就不得不停了下来。如果不趁机猛攻,那么现有的优势将很快丧失。希特勒正是考虑到这点,才提议德国方面派一个装甲师来援助意大利军。不过,"盟友"墨索里尼却害怕德国介入非洲战场会抢夺意大利军的战果,所以就表示意军能够应付当前的局面,不久将会组织新的进攻。

但事实是,格拉齐亚尼的北非军团始终没有再前进一步,而英国人就充分利用这个时机,加紧部署埃及的防务。英国各地纷纷抽调出兵力前来支援非洲战场,一大批机械化装备正往埃及运来。虽然英军人数和军备的总体数量不如意大利军,但质量上却远远超越对方。意大利的战车和装甲车重量不够,马力过小;炮兵使用的都是"一战"时期的淘汰品,高射炮、反坦克炮几乎见不到；连步枪和机关枪都是"老古董"。意大利的步兵更是软肋，由于没有实现摩托化，在广阔的沙漠地区根本无力实现对机动部队的有力进攻，永远都只能以守势为主。英国军队可就不同了。他们拥有最新的现代军事武器，海陆空装备齐全，特别是陆军攻击纵队完全实现了摩托化，可以随时实现机动作战。

在积极布置防守的日子里，埃及守军在西地中海的英国舰队的配合下，利用海岸旁的一条铁路，将埃及与达马特鲁港联系在一起，以保证前线物资供应源源不断。

12月9日，英国率先打破僵局，对意大利军发动突然空袭，在西迪拜拉尼的意军驻扎地投下了大量炸弹，英国舰队则同时从海上向意军阵地发射猛烈的炮火。随即一支由英、法、奥、波等国组成的联合部队发动了迂回攻击。此回合较量下来，西迪拜拉尼的三个意大利步兵师全部被扫荡一空，盟军逐渐夺回了战场主动权。

1940年11月，驻守在沙漠中的英军

英国军方当机立断,立即调集部队朝利比亚进发。这次,他们仅用了10天就包围了意军的巴尔迪亚要塞。面对如此窘境,墨索里尼不得不厚着脸皮请希特勒调兵协助,但希特勒并未立刻应允。直到要塞被占,托布鲁克被围,北非战场岌岌可危之时,德国终于决定往利比亚调一支轻型装甲部队。1月25日,第5装甲师抵达北非。在巡视一番后,师长向柏林发出报告,表示当前形势危急,必须加派装甲师前来援助。一段时间后,希特勒命德国最高统帅部再调拨一支装甲师,准备开往非洲战场。同时,他挑选了琼汉尼斯·施特莱彻将军作为第5装甲师的师长,隆美尔作为远征军总指挥。

1941年1月24日,托布鲁克附近的港口燃起熊熊大火

2月6日,隆美尔前往大本营接受任命,希特勒还让副官施蒙特陪同隆美尔一同前往意大利最高统帅部报到。在前往利比亚前,隆美尔给指挥部提了几项建议,主要是希望意军能够重点防守苏尔特湾,保证提黎里塔尼亚防线不被攻破,这有利于德国空军能够顺利建立起基地,为日后的战争提供全面的保障。意方采纳了他的建议,并让陆军参谋长罗塔将军随其共同前往利比亚战区。

1941年,隆美尔将军正在和部下商议下一步行动计划

隆美尔飞往西西里岛的卡塔尼亚,德国空军第10军军长盖斯勒尔将军向他介绍了最近战况:英军已经占领了本海齐,下一步将进攻提波里坦尼亚,而意军的装甲师被摧毁殆尽,根本无力阻止抵抗,至于德军救援部队

还要再等2个多月才能到达。所以，德军的当务之急就是打断英国军队的攻势，拖延至援军的到来。隆美尔很快对此提出了作战方案：一是当天晚上迅速向班加西港口发动空袭；二是第二日上午派战机轰炸港口西南部的英国部队。不过，盖斯勒尔却始终未做应允，因为一大帮意大利官僚的资产被留置在那里，他早已被告知不要空袭。隆美尔很是恼怒，与希孟德上校商议后，便将问题直接抛给了柏林。当晚，柏林就来了回复。希特勒亲自将行动指挥权授予隆美尔，2个钟头后，一批德国轰炸机就起航行动了。

  2月12日，隆美尔的前线考察任务暂时告一段落，乘坐飞机向的黎波里方向飞去。中午时分，飞机抵达卡斯特尔贝尼多。负责接机的海根芮勒中尉向隆美尔等人介绍了非洲的意大利军情况，表示现在意军已经乱作一团，士气极为低落。一些意大利军官甚至已经打好包裹，准备撤往国内了。

隆美尔麾下非洲军团的装甲部队和步兵在利比亚前线

隆美尔内心很是焦急，知道情况不容乐观。下午1点，他见到了加里波的将军，立刻向将军说明了自己的计划和任务。隆美尔指出，当前陆上军队不能再随意后撤了，而是应当和德国空军密切合作，全力保住苏尔特地区。根据英军的推进特点，德意军队可以为对方制造出要进行一次大反攻的错觉，利用他们停止推进、建立补给线的空档，德意必须立刻想办法强化实力，直到能够真正实行反攻为止。

但这位意大利指挥官已经在接连打击之下，彻底丧失了信心。听完隆美尔的计划，他既没有建议，也没有反驳，只是让隆美尔自己到苏尔特去实地考察，声称这样才能了解意军当前的实际困难。隆美尔内心对意军的懒散和消沉充满厌恶，但一时不便发作，只好严肃地表示，如果意军自己都没有决心保卫苏尔特，那德军也没办法力挽乾坤。

当天下午，隆美尔按照预定计划乘飞机开始空中侦察。那时，他的内心正在盘算着如何违反上级"侦察为主"的训令，去接手地面前线的指挥权。隆美尔曾经和一位驻守罗马的德国军官谈及夺取指挥权的计划，遭到对方的反对，因为这有损军人的名誉。但此时的隆美尔似乎已经别无他法，想要指望意大利人挽回战局，根本就是天方夜谭。

除了他内心的小九九，这次侦察的确收获不浅。在视察完的黎波里的东方工事后，他们又在沙漠上空逗留了一段时间，最终发现了一道由沙丘构成的隆起防御地带。他们还发现了一处在米苏拉塔和胡姆斯之间的平原区域，特别适合摩托化步兵作战。这次行程让隆美尔了解到苏尔特计划的可行性，决定利用地势强守苏尔特及周围海岸区域，并充分利用摩托化部队的机动作战优势。

傍晚时分，他们将视察结果告知给了加里波的将军。几乎是同时，意军的另一位将军赶到，告诉加里波的，墨索里尼已经接受了德方的防御计划。隆美尔终于可以放手实施作战计划了。

在隆美尔的不断催促下，一个意大利师作为增援部队终于在 2 月中旬开始向苏尔特进发。同一时刻，德军的先头部队来到了的黎波里港。由于形势严峻，这支由侦察营和战防炮营组成的先锋军立即投入到工作状态，连夜从 6000 吨的运兵船上将装备卸下来。待到第二天中午，这些战士穿戴着热带装备，集中在市政府广场前接受了军事检阅。隆美尔亲自上台发表演讲，表示一旦时机成熟，将重新夺回尼罗河地区。新式军备的到来极大地鼓舞了士气，使得之前凝重的氛围多少有些缓解。军队游行之后，第 3 侦察营营长魏赫马尔中校就带领着部下向苏尔特方向赶去，并于 26 小时后抵达了最前线。16 日，这支侦察队伍与意军纵队取得了联系，开始正式实施作战行动。与此同时，隆美尔则获得了前线指挥权，让德军和意军源源不断地向前线进发。

因为意大利人没有在沿海修建铁路线，造成德意联军的补给网络非常匮乏，也给德国运输车队带来不小压力。为了尽可能壮大声势，把英军引诱开来，隆美尔开始大用计谋。他让部下用木头、纸板和德国汽车底盘伪造了几百辆可以"以假乱真"的坦克，还把军用卡车"装饰"了一番，让它们和卡车、摩托车混在一起，使敌方真假难辨。另一边，真坦克早已开过沙漠。

从 2 月 17 日开始，英军方面开始频繁活动，似乎有向的黎波里发动攻击的倾向。为了向盟军示威，隆美尔命第3侦察营和意军的桑塔马里亚营、第39战防营相互协同，往前推进，一直到达诺夫里亚，设法与英军干上一仗。

2月24日是英德双方在非洲战场上初次交锋的日子。德军初战告捷，在无损失的情况下，击毁对方几辆军事汽车，俘获了1名军官和2名士兵。为了进一步了解英军下一步军事动向，隆美尔派遣施特莱彻将军率领第5装甲师从苏尔特出发，进入马格塔通道，在那里布置雷区。但奇怪的是，他们沿途竟然没有遇到任何英军的踪影。虽然隆美尔对此感到疑惑万分，但还是暗自庆幸这一行动的成功。原来德军进发的途中有一片盐水沼泽地，由此延伸的道路非常狭窄，只有少数地点可容车辆通行，而这些地方都成了德方雷区。一旦英军在窄道上发动攻击，就会被轻易挡住，除非他们绕道而行——要多走500英里，这是不太可能的。

德军在马格塔的军事行动随即引发了英军进一步东撤。隆美尔和他的参谋们更加摸不透英军的作战目的了，只能猜想对方的主力被调往艾季达比亚至德尔纳沿岸附近。其实，他们是过于看重英军部队了。

非洲战场的英军质量正在不断下滑。最为精锐的第7装甲旅已经撤回至埃及，为下一阶段作战作休整和补充。它的接替者是第2装甲师的一部分，经验不足，新兵较多，军事素质较好的另一半被调到希腊去了。把大批兵力调往希腊，源于英军方面认为的黎波里的意军毫无战斗力可言，而德国人不会把太多的装甲战备砸在非洲。照这样的推断，德意联军的兵力根本无法收复班加西地区。他们唯一没有想到的是，这些对于不按常理出牌的隆美尔来说，都不是问题。

3月9日，隆美尔写信向柏林报告了今后的征服计划。他将夺取的首个目标定为昔兰尼加，然后继续向东推进，直至占领埃及北部和苏伊士运河。在他的宏大计划中，几乎完全无视了军备和兵力的给养问题。

3月11日，第5战车团在的黎波里成功登陆。该战车团共有120辆战车，其中包含60辆中型战车。加上意军的80辆，构成了德意联军的全部战车阵列。2天后，隆美尔将指挥总部转移到前线的苏尔特地区。月底，他又飞往柏林，做上任后的首次述职报告。

在柏林，隆美尔终于得到了自己梦寐以求的"橡树叶勋章"，满足了内心对战功荣誉的渴望。但他也产生了新的烦恼。隆美尔表示不仅能收复班加西，还要攻占昔兰尼加地区，因为只有这样才能守住班加西。不过，对于隆美尔的豪言壮语，布劳希奇和哈尔德将军并不赞同。他们告诉隆美尔，非洲并非德国的主战场，没有必要投入太大精力，只需要尽力拖延当前的局势即可，这让隆美尔略感沮丧。

他不知道的是，最高统帅部已经秘密制定了入侵苏联的"巴巴罗萨计划"，欧洲才是德国需要重兵投入的地方。在隆美尔临行前，最高统帅部对限制非洲战场的攻势做出了书面文件，令其倍感失望，渐渐产生抵抗命令的想法。

隆美尔返回非洲不久，第3侦察营就成功占领了艾阿格海拉的大部分区域。此时，英军已经退到了梅尔沙隘道上去了。隆美尔要求部队暂时停止前进，以免与后勤部队相隔过远。不少意大利官兵见到德军进展如此神速，不由得为先前萌发的种种退意感到惭愧不已。

按照德军的战略计划，下一步应向艾季达比亚方向进军，而他们所要解决的第一个问题,就是如何通过梅尔沙隧道。退守在这里的英军早就占据了所有高地,并修筑了工事,准备强守阵地。隆美尔面临着两难的抉择,一是等待后续的援军 5 月到齐后再行进攻,但这等于是给英军充裕的时间去加固防线,今后将很难攻克此地;二是冒险突袭,以目前的弱势兵力强行进攻,趁敌不备,实现逆转。经过慎重思考,最终他选择了后者。

3 月的最后一天,德军对梅尔沙地区发动了军事进攻,隆美尔亲自在前线督战指挥。临近黄昏时,英军败退,向东部撤去。德军占领了该地,还顺势夺得了不少英国战车。隆美尔在胜利的第 2 天,要求下属部队在梅尔沙和马吞果费尔地区集中整顿,并在此设立严密的地雷区和防空火力网,以防敌人反攻。不久,柏林指挥部再次发来命令,要求 5 月底前不许继续进攻。但隆美尔根据侦察连窃取的敌方情报,英军正处于劣势之中,不断向本部发出救援信号。目前英军方面正是虚弱之时,退势明显,如果不乘机反攻,真是浪费时机,况且艾季达比亚还是多条交通要道的起点。

前线指挥官施特莱彻对于隆美尔的想法始终不敢确定。直到 4 月 1 日,隆美尔亲自赶赴前线指挥部,但他并没有做出明确的指示。不过对施特莱彻来说,这就是最好的答复。隆美尔离开后,施特莱彻立刻下令全师于次日清晨重新出发。这段时间内,双方再无任何联络。当隆美尔带领部队追上这支先头军时,还故作惊讶地询问状况。施特莱彻也是配合十足,说明他们不想错失战机,而要继续推进的想法。对此,隆美尔轻松地答复道,"那不是我的命令,不过我赞成。"就在当天午后,德军顺势攻占了英军的阿杰达比亚地区,隆美尔又"恰好"出现在那里参加庆功宴。在隆美尔的回忆录《没有仇恨的战争》中，这些都被当作是他自己的战绩。

德军的前锋并没有停止步伐，而是继续挺进祖韦提奈地区。另一方面，德意联军相互配合，在艾季达比亚东部又延伸了约12英里。隆美尔随即将指挥部迁移到这里，密切观察前线战况。或许是之前的"假战车"计划起了作用，英军被这支不算强大的德意联军给蒙骗了，准备逐步撤出昔兰尼加地区。另一方面，德军方面因之前的接连小胜，俘获了好几百名英国官兵，士气正旺。故隆美尔决定"跟在敌人的脚后跟上"，一鼓作气，夺得整个昔兰尼加。为此，他从意大利阿里埃特师中抽出一支前线小队，交由法布里斯上校指挥，立刻前往本盖尼亚。

他带领一部分军队沿着这条路线前进了12英里，与桑塔马利亚少校指挥的一支意军侦察小队会合。根据少校的描述，这一路非常顺畅，没有遇到任何敌军。这让隆美尔更加确定沿着这条路线向昔兰尼加进发。

隆美尔认为，当前英军高估了德军的军事力量，所以德军只有摆开架势，才能彻底压制住对方。但德意联军实力有限，因此必须让先头部队保证攻势。为了实现上述目标，隆美尔决定三面出击，迅速歼灭半岛对面的英国部队。三路大军中，经验丰富的格哈德指挥最南路，负责穿越沙漠，向埃及边境前进；施特莱彻则率领部下走一条与之平行的路线。

隆美尔还不知道，他的高歌猛进在柏林最高统帅部引发了轩然大波，德国进攻苏联的计划很可能因非洲战场的胜利而搁浅。不知内情的隆美尔面对柏林方面的指责，根本就不在意，而是一心想要在非洲战场取得一番成绩。

当隆美尔再次回到艾季达比亚时，遇见了意军总指挥加里波的将军。他很奇怪这位意大利将军并没有因为此前的胜利而高兴，反而为违反命令的事大声抗议。隆美尔自然不甘示弱，与其大声争执起来。正当两人要大打出手之时，一封柏林的电报发来了。电报的大致内容是要求隆美尔原地待命，以钳制英军为主要任务，不能再往北前进。但矛盾之处在于，希特勒又授予隆美尔"行动上的完全自主权"，这等于留了一个空子给隆美尔钻。

虽然柏林方面要求非洲军团不得进攻班加西，但实际情况是，英军已经放弃了它。为了确认情报真实性，隆美尔首先让第3侦察营插入了班加西。晚上10点，德军在当地居民的欢呼声中进入了城中。城中的物资装备全被撤退的英军烧毁，有些地方的大火甚至还未熄灭。

接着，隆美尔下令全军向昔兰尼加半岛纵深挺进。这时，施特莱彻等人对此提出了异议。德军所有的军需品还在大后方，如果此时贸然推进，后勤物资肯定是跟不上。隆美尔考虑了一番，随即让部下把卡车上的汽油、弹药等物资卸下，并专门调出一批坦克手，负责在24小时内抢运完。跨越半岛沙漠的军事进程就这样仓促开始了。

4月4日，施特莱彻率部向东面进发，即直接横穿半岛直抵海滨。他们是想通过封锁海岸线，阻止英军海上撤退。同一时刻，第8机枪营正在整理随身携带的物资，准备向东部的德尔纳方向赶去。

不久，施特莱彻接到隆美尔布置的新任务，开始向沙漠深处进发。他们的坦克部队于黄昏时出发，渐渐离开了海滨公路，开进了沙漠地带。经验老到的坦克兵全被调去运输物资了，新的坦克手们还不习惯在沙漠中驾驶这种大家伙，坦克接二连三地陷进了沙地，然后用拖车再慢慢拖出来。

德军坦克穿越北非沙漠

等到夜幕降临后，部队行进在开阔的沙漠上，很快散落开来。施特莱彻只好冒着被敌军发现的危险，让车辆打开车灯，以便让大家重新集合在一起。此时，周围已是茫茫一片，地图基本失效。他们中途还受到英国空军的一次袭击，好在损失不大。队伍只好再次把所有灯光熄掉，结果越走越散。因为无法得到后勤部队的后勤补充，这支队伍疲惫不堪，很多车辆汽油耗尽，没有办法继续前进了。更倒霉的是，他们走在前面的小队又走进了意军之前埋下的雷区，引发了接连爆炸。

隆美尔这边的问题也是一大堆。各种发动机因为温度过高造成机油稀释的缘故而无法正常启动；无线电装置无故失灵，总指挥部与各方出击部队都失去了联系……为了重新获得各方联系，顺便巡视战况进展，隆美尔开始乘坐专机到各处奔走。有好几次都差点冲入敌营。

4月6日，隆美尔带领的部队来到了距离默基利要塞25公里处。这支部队很是单薄，没有什么像样的后援支持，只能在沙漠中苦苦挣扎。不久，希维林部的一名中尉带着几卡车的装备物资赶来了，隆美尔让他们顺势朝默基利方向迂回，以便切断敌方东边的退路。1小时后，施特莱彻将军也到了。隆美尔命令他们下午3点向默基利要塞发动进攻，但被施特莱彻将军断然拒绝。他的部队在沙漠行军中损失严重，不少坦克和卡车因为种种原因分散在后方，还没有来得及完成会合。隆美尔对他公然违令大发雷霆，但施特莱彻没有被吓倒，而是据理力争，甚至扯下勋章与隆美尔大吵起来。最后，隆美尔还是做出了一些让步，把进攻时间改成傍晚6点。他要求施特莱彻部找到希维林部，待到会合后立即进攻默基利，并最终夺取它。期间，意大利部队将全力配合进攻。

施特莱彻就这样带着零零散散的武器装备出发了。在寻找希维林部的过程中，他们不小心迷了路，只好原路返还。隆美尔没有责怪施特莱彻，因为他自己也没能找到意大利炮兵部队。不过，隆美尔并没有死心，当夜照旧率领几个连队袭击了要塞，最终以失败告终。英军比他预想中坚强得多，没有任何要撤走的倾向。

第二天一早，隆美尔派了几个俘虏前去做说客，希望对方能自动投降，依旧是以失败告终。隆美尔有些郁闷，劝降行不通，自己进攻却实力不足，原本安排作为主攻部队的第5坦克团依旧行踪全无。

于是这一整天，隆美尔就坐着战机到处寻找他的坦克团。直到傍晚时分，他终于在要塞的西边发现了这支坦克纵队。隆美尔不禁将之前累积的怒火倾泻出来，把团长奥尔布雷奇怒斥了一顿。随后，他返回了指挥部，恰好另一支坦克连也到达了这里。隆美尔便将周围所有部队长官集中起来，发出指示，明日必须占领前方的默基利要塞！

4月8日上午6时，隆美尔乘坐专机赶往默基利东方前线，准备亲自督战指挥。默基利是一个土耳其式的要塞，建在一处碎石堆上。其地理位置非常重要，不仅处在沙漠入口处，还连接着海岸和7条沙漠内陆。飞行途中，他从上空观察了当前战场形势。观察结论是：德军对默基利的进攻卓有成效，英军正慢慢向西撤离，此时正是追击的好时机。但是他却发现负责追击的德意部队仍然不见踪影。低空飞行时，一度被意军误当成敌机，成为扫射对象，好不容易才甩掉他们。在上空飞行了10来英里后，隆美尔终于发现了德军车队，于是命令飞机立刻降落。谁知飞行员一时疏忽，一头撞上了沙丘，飞机尾翼被摔得粉碎。他还发现，之前看到的队伍是因迷路落在大部队后面的小纵队，真正的先头部队根本不在这块。但是他们也算幸运，遇到了这里的德军炮手，所以能借他们的战车赶回指挥部。要知道，当时英军部队距离他们只有不到2英里的距离，只要他们再晚上个5分钟，那隆美尔估计就被俘了。

实际上，根据之前几次的航空侦察，默基利要塞依旧防守森严，不断有军队来此支援。不过隆美尔只相信自己所看到的，坚持要集中火力，先行攻占这里。回到指挥部，隆美尔所做的第一件事就是让部下去寻找追击部队，并把他们带到默基利向那里的英军发动进攻。事实上，意军的阿里埃特部当时已经开始向默基利赶去。

希维林一部于正午向德尔纳进发。不久之后，隆美尔就带着指挥部和一个高射炮排赶去支援。还没走多远，他们竟然遇到了沙尘暴，队伍全被冲散了。隆美尔和周围的几个人靠着指南针慢慢向风暴外围躲去。中途他们又陆续见到其他人，大家汇聚在一起，慢慢朝着机场方向走去。几经波折后，他们终于将队伍重新集合完毕。没有人知道前方战况究竟如何。

隆美尔一行在风暴中摸索前行，通过无线电设备，他们终于来到了要塞外围。驻守在当地执行封锁任务的军官向隆美尔报告，他们俘获了约上千人，里面还包括不少英军司令部成员。除此之外，德军还缴获了大量的食物和武器装备。

昔兰尼加地区被德意联军完全占领了，隆美尔却丝毫没有停下的意思，当即下令越过昔兰尼加半岛，继续追击敌军。虽然这样的追击战不会对英军的主力部队构成威胁，但德军一旦进入迈尔迈卡里，就等于获得了攻打亚历山大港的平台。其次，占领的大片地域内，可以逐渐利用起来，建立一个完备的补给系统。

隆美尔在总结这段战争经验时，将"速度"列为制胜关键。不论是默基利之役，还是德尔纳之战，如果不是快速奇袭，势单力薄的德军队伍根本不可能取得胜利。沙漠环境对陆军作战提出了新的挑战，而隆美尔对此也列出了新的战斗标准，所有的下属官兵都将接受其新的训练洗礼。对于违反最高战略，他始终没有放在心上，反而认为是最高指挥部决策失当。

相关链接：

亨克尔轰炸机（亨克尔公司生产的系列轰炸机总称）

（1）亨克尔 He-177 重型轰炸机，有"德国鹰狮"之别称。1936 年初，德国空军提出要研制新式重型轰炸机，并把这项任务交给亨克尔公司完成。一年之后，德国空军根据战场形势的变化，提高了之前所开的战机各方面的性能参数。该任务最终落实到以海因里希·赫特尔为总设计师、西格弗里德·甘特为首席助手的研究团队。和其他任何国家的空军一样，德国空军提出了航程远、载量大的基本要求，所不同的是，他们提出新型轰炸机必须能够进行 60 度的俯冲轰炸，否则这次的研制计划就没有任何意义。这种要求完全是从提高战机战斗力的角度出发，但却没有考虑到现实问题。为了达到空军部的这个要求，设计团队耗费了大量时间，但对发动机过热等技术问题一直没能完全解决，使得一经问世的 He-177 就遭到多方批评。

1939 年末，首款 He-177 重型轰炸机在德国空军基地进行了首次试飞，飞行还未超过 5 分钟就被迫紧急降落。此时的德军已没有耐心再等待下去了，就直接与亨克尔公司达成协议，从 1940 年 6 月起，必须每月提供 120 架同款轰炸机。世事难料，由于国内资源出现短缺，德国空军司令部于 1940 年 2 月下达了节约令，规定只有当前在实战中取得战绩的战机才能够继续生产。恰逢德军在西线节节胜利，新战机一时也派不上用场，所以专门负责德国航空工业生产的乌德特上将立刻宣布推迟 He-177 重型轰炸机的批量生产。但是，不久之后，德军在攻打大不列颠岛时遇到了巨大阻碍，英国反过来派遣战机轰炸德国本土。大批生产 He-177 轰炸机再次被提上日程，不过为时已晚，混乱的战术轰炸并没能挽救德国最终战败的命运。此型号战机还因为自身发动机等方面的缺陷，被认为是德国"二战"期间研制的最失败的飞机。

(2) 亨克尔 He-111 型战机

第二次世界大战中，亨克尔 He-111 型轰炸机是德国空军最具威力的空中武器之一，也是德军使用最为频繁的轰炸机型。它的原型应是 He-70 型客机。虽然 He-70 非专业军事战机，但其流畅的外观设计和优越的飞行性能赢得了不少好评。

1936 年 1 月 10 日，He-111 型客机在柏林的坦匹荷夫机场正式亮相。它继承了 He-70 流畅的外部线条，拥有呈椭圆形的机翼及尾翅，保证其低阻力飞行。从表面看，它似乎只是一架高速运输客机，但只有进入其内部，才能洞察玄机。飞机舱位为前四后六，且相互间间距很小，显得十分拥挤，所以真正的用途并非只是民用，而是打着民用运输机的幌子，为中型轰炸机的研制所做的伪装。

以后 He-111 的改进型战机系列非常多。He-111A，机身装有两挺 7.9 毫米的机枪，载弹量为 1 吨，但马力不足，飞行速度较低，中国国民政府在抗日战争期间曾购买过几架；He-111B 则解决了马力问题，改装了 1000 马力的

DB600 发动机；He-111C 为客机，曾以运输为名，偷偷拍摄了大量航空照片；He-111D 为战术轰炸机，装设马力为 1050 的 DB600G 发动机，时速达到 410 千米。其余还有 E、F、G、H、P 等型。

僵持之局——胜败交织陷黄沙

穿过了昔兰尼加,德军下一步进攻目标便是托布鲁克。托布鲁克是北非最重要的战略港口,这里一旦被英军掌控,就等于切断了德军的后勤供给线,使得德军丧失进入埃及和尼罗河地区的能力。而这恰恰是隆美尔最初没有意识到的。随着前方侦察情报的逐步完备,隆美尔才发现昔兰尼加只是一个障眼物,英军真正想守住的是托布鲁克。这个误解令德军无端消耗了大量兵员和物资,而物资供应正是最容易让隆美尔忽视的问题。

德军接到情报,截至4月9日,英军已在托布鲁克布置了重兵,港口内还有大量刚刚运输来的战备物资。恰逢这段时间内,德国空军要转移基地,所以侦察求证工作做得很不到位。而隆美尔已经忙着制定下一步攻城计划,预想从两面夹攻托布鲁克。一面用两个师的兵力从托布鲁克西面突击;一面让第5装甲师从沙漠里绕到城市南面,并最终从东南面突入。

隆美尔之所以这么急于再次进攻,是想在英军元气大伤之时乘虚而入,让对方来不及加固防务。他原本是预想第5轻装甲师已经出发，但实际上部队仍处在休整状态。当他抵达默基利后，感到很是恼怒，当即要求第5装甲师于夜间出发，对托布鲁克发动袭击。

隆美尔（左）以他那标志性的手势指向前方

负责从南边突进的是机枪营和坦克部队，他们遭遇的是英国守军的反坦克壕、刺网等障碍。先前的连续战斗使得机枪营疲惫不堪，很快就陷入敌阵，难以摆脱。

4月12日，德军后方的增援到来，兵力有所加强。这一天刚好刮起了沙尘暴，隆美尔决定利用沙尘作掩护，在午后发起一次主攻。这一次进攻，第3侦察营拿下了拜尔迪。

第5装甲师就没有这么幸运了。在他们出发时，沙暴尘已经有所减弱，之后遭到了英军的炮火阻击，最后被一道反坦克壕给彻底拦住了，进攻被迫停止下来。第5装甲师在夜间又发动一次袭击，但还是被击败了，而且损失惨重。全师余下的坦克连50辆都不到，主战坦克只剩下9辆。

机枪营也陷入重重危机之中。他们距英军阵地不足1000米，几乎随时可以与敌军四目相望。营地附近缺乏有效的隐蔽处，不仅让他们有随时被暴露的危险，而且在昼夜温差极大的沙漠地带，更让他们倍感煎熬。他们需要一支可靠的救援部队，但当时明显是没有的，只能依靠新一轮进攻突围。

隆美尔制定的第一轮进攻计划以失败告终，这成为他在非洲战场上遭受的第一个挫折。这位德国民众眼中的英雄认为，失败的最大原因在于部下总不能迅速依照指令出战。客观地说，这完全是他自我感觉良好。隆美尔总是一味强调向前、向前，忽视了军队后勤供应不足这个大问题。前线的兵跑得再快，如果没有及时的军备补充，那么最后还是得停下来。第一次进攻时，很多官兵已经连续作战多日，身心疲惫，加上物资不足，连饭都吃不饱，水都不够喝，机车也没有燃料可以发动。这种状况怎么可能取得胜利呢？

经过这次的失败，隆美尔也终于看清了形势——英军将死守托布鲁克，攻下这里并非易事，必须做好充分内外准备再行进攻。为了随时向前线转移，他让意大利人建造了一个活动性房屋来住，同时兼做指挥总部。第一次战役打响后，活动房屋被迁到托布鲁克南面的一块小山谷里。为了尽快攻下这里，他废寝忘食地工作着，甚至连给露西写信的时间都腾不出。非洲的日照非常厉害，他被晒得脱了几层皮，但还是戴着他的防风镜，乘着战车四处奔走——这已成为他在非洲战场的经典形象。

13日当天，隆美尔再次命令队伍出击，尽力渗透进托布鲁克防线内，把阻拦的反坦克壕给炸毁。虽然命令已下，但之前失败的阴影还笼罩在士兵们的心头。

下午6点，第8机枪营指挥官波拉斯按照新下达的命令，重新发起了第二轮进攻。一阵血拼之后，炮兵营击毁了铁丝障碍物，反坦克壕也被炸毁。机枪营突破了英军防线，还建立了自己的前沿阵地，为下面的进攻奠定了基础。

深夜时分，侦察营向隆美尔报告了英军正从海上撤离的消息。隆美尔立刻召集了紧急会议，宣布在凌晨3点发起进攻。接着，他将指挥权暂时交给了施特莱彻，离开了指挥部。这时，第8机枪营的副官赶来请示是否继续向前推进。施特莱彻觉得队伍突击过于顺利，内中必然有鬼，便指示停止前进。但这一切似乎为时已晚，因为机枪营还不知道他们插入的正是英军第一道防线的中轴部分。英军部队埋伏在地堡中，等到黑夜降临，才开始实施猎杀计划。这天夜里，很多机枪营的士兵在黑暗中被敌军悄悄割断了咽喉，白白丧了命。等到天亮时，张皇失措的机枪营才明白发生了什么，但退路已被英军堵住，情况危在旦夕。

隆美尔已经在匆忙赶往前线的路上。他已经得知机枪营的当前状况，内心焦急万分，想要为他们找到一支可以支援的力量。他亲自驾车来到意大利装甲师部队，要求他们协助德军的坦克部队一起冲过英军防线，以便转移敌军目标，缓解机枪营的危机。但是意军刚从其他地方赶来，急需重整军备、补充物资，一时半会儿难以出发。不久，噩耗传来：机枪营已被全歼，营长波拉斯牺牲。此外，只有100多人逃出英军包围，高炮等武器折损大半，坦克或被毁或被风沙堵塞……

隆美尔坚定地认为，这次失败是机枪营没有积极进攻的缘故，对施特莱彻让队伍停止进攻的行为异常愤怒。他随即下达了新的进攻命令。施特莱彻知道与隆美尔争辩是不会有任何结果的，就通过作战处处长向隆美尔表达了自己的想法：如果部队还是一味向前进攻，而不顾及战备资源的供给情况的话，那么德国非洲军团迟早会丢掉利比亚，隆美尔自己也会声誉扫地。这时，其他的下属军官也纷纷表示当前的确不适宜再度盲目进攻。面对大家的集体反对，隆美尔只好做出让步。第二次进攻实质已宣告流产。

然而，更糟的是，隆美尔的上级和下级首次对他产生了信任危机。虽然隆美尔在给柏林统帅部打报告时，一再强调下属们总是不能果断执行命令，甚至临阵脱逃，但第8机枪营的悲惨结局摆在眼前，实在难以说服众人。至于他增派部队的要求，更是受到他人的冷嘲热讽，认为他是痴心妄想。原本德国就没准备在非洲战场投入太多力量，此番大败，怎么可能还输送新的军事力量呢？下属们也议论纷纷，认为仓促进攻只能是自寻死路，隆美尔此举只会令更多战士去白白送死。

不过这些都不足以令隆美尔低头屈服。因为他知道，胜利才是堵住别人嘴的最好武器。16日，他召集了机枪营的余部，鼓励大家再接再厉，用今后一周的时间攻破敌军防线，一直攻到开罗。他并没有对此前的命令表现出后悔之情，反而责怪施特莱彻把伤亡和失败看得过重，导致士气低落。隆美尔告诉他们，应当随时做好牺牲的准备，这是一名军人的基本觉悟。

4月18日，德国空军副参谋长瓦尔道和特别代表米尔契元帅来到非洲军团总部，随行的还有一支新式空军连队。面对米尔契，隆美尔显得激动又紧张。他站在地图面前，向元帅讲述了自己的宏伟目标——他不仅要攻下托布鲁克，还要攻占开罗，最后夺得苏伊士运河！这次会谈比隆美尔想象中要轻松得多，他与元帅相谈甚欢，双方不时发出明朗的笑声。他对"进攻"的热情和信心再次被激发出来。

隆美尔开始继续拟定进攻托布鲁克的计划。为此，驻守北非的不少军官不断偷偷向上面报告，说隆美尔整天忙着四处突袭和察探，耗费了很多兵力。为此，保卢斯中将被派往隆美尔处，一查究竟。这位中将是隆美尔的老同事，他们曾在一个团里担任连长，是对隆美尔比较有影响力的一位军官。

非洲的高温和旧伤发作不断折磨着他，国内一些媒体也开始攻击他在非洲战场上的碌碌无为；战场上，意军的懦弱深深影响了战斗的进程，他也只能束手无策；激烈的战斗常常突然到来，时常有丧命的危险。有一次，他正和前线战士们谈话，一枚英军的炮弹不知从何处冒出来，径直落在他们身边，他眼看着自己的战士在眼前被炸成碎片。还有一次，他在返回指挥部的途中，遇到一架英国的飓风式战斗机。战机低空飞行，向他的队伍疯狂扫射,负责为他开车的司机被击毙,随行的电台车也被彻底毁坏,车上的人都死了。最后是隆美尔自己开着装甲车,一路狂奔,才得以逃命。

两架飓风式战斗机起飞迎战

由于几次失败的袭击,德军非洲军团的人数大量锐减,只是勉强守卫住巴尔迪亚和利埃边境,而且在英军部队锲而不舍的追击下,他们的控制范围正越缩越小。正如隆美尔所说的那样,"有再多的部队到达,我都不嫌多,因为防线还是太长,兵力还是太少。"面对险境,他只好再次向柏林发出求助,请求提前将第15装甲师运输完毕,同时加强第5装甲师装备配置,使其成为一支重型装甲队伍。他还提出,要让空军继续增强援助力量,并配合潜艇从海上攻击英军。

当希特勒得知北非军团正面临着巨大困境时，立刻将最高统帅部的人责骂了一顿，从而使得非洲战场的形势发生了极大转变。从27日起，第15装甲师的主力部队开始陆续抵达班加西地区。隆美尔这边经过种种波折，终于从意军指挥部拿到了托布鲁克的防御计划。这份文件详细标注了各个要塞的地形图和工事结构图。根据图解，他们面对的托布鲁克初道防线包含两个掩藏在地下的据点防线。与地面上的碉堡式构造不同，地下防线在外围有壕沟掩护，壕沟之上有薄板和沙土，隐藏得很严密，近距离也难以发现，同时也便于战士随时钻出地面。掩藏在地下的防御工事由交通壕岗哨连接，各处均设有机枪、迫击炮等，还加上了铁丝网作防护。第二道防线约往后推移至2000码左右，内部设计基本相同。德军面对这样严密的防御线，怪不得之前失败得如此惨烈。

在进行下一轮攻击前，隆美尔又召集了德意指挥官讨论自己制定的新的作战计划。施特莱彻将军在会议上主动请命，提出次日清晨率部向托布鲁克东南方突击。隆美尔一心记恨着之前施特莱彻违抗自己命令的事，丝毫不考虑实际状况，当即就否决了这个方案。此时的隆美尔还未完全从以往失败的焦虑中挣脱出来，但又不甘就此放弃，内心盼望德军迅速结束希腊的战事，这样他就可能获得更多的援助。对那位最高统帅部派来的保卢斯，他多少是有些顾忌的，毕竟他是上级派来的，有权支配这里的一切。实际上，两人相处总是很尴尬，工作之外常常无言以对。

海因里希少将是新任命的指挥官，他是一位热带地区的作战专家，由隆美尔亲自挑选任命。4月30日，德国空军率先向拉斯艾马道尔山附近投放炸弹。趁着山头散发出滚滚的浓烟和不断扬起的灰尘，德军炮兵部队沿着山地不断向对方阵地发炮。英军的首道防线渐渐被德军突入，特别是山地的南、北方向，德军已深入防线2英里处。几个小时后，德军的一个机枪营从防线后方突破，占领了第209高地。此时的英军炮火还被德军佯攻的方向所吸引着，没有缓过神来。即便如此，德军在推进的过程中，仍吃了不少苦头。主要是英军部队比较顽强，即便处于劣势，也决不投降。他们借助地下工事，把各处的德军紧紧地纠缠住，不让德国人深入防线主轴。

为了尽快实现推进任务，一部分德军开始以托布鲁克东北部为突破口，大举进攻。不过，这里地势复杂，突破口没能撕开，主力部队一时难以顺利攻入，而对方的地下壁垒一直是巨大隐患，根本无法在短时间内消灭干净。战斗持续到第二日，第15装甲师师长向隆美尔反映，对方的火力一直没有减弱，给装甲师造成了巨大损失。或许是天助隆美尔，当天竟然来了一场沙尘暴，给了德军一个绝妙的反击机会。高地最终还是被攻占下来了，数百名英国人和澳大利亚人被抓。不过，德军为胜利付出了高昂的代价。除了折损了1000多兵力，更严重的是，长久无间歇的战斗耗费了他们太多的武器弹药，他们即将面临严重的供给危机。

物资的极度消耗终于连隆美尔都察觉到了。由于之前的连续进发，后勤补给与前线部队之间的距离已越拉越大。按照正常的供给标准，德国非洲陆军军团每月至少需要3万吨的食物衣着供给，约2万吨的火药补给，空军方面则至少要耗费9000吨战略物资。由于意军方面不愿派遣更多的运输船只前往班加西执行后勤供给任务，所以每月的物资供给量只能维持在2万吨左右，根本无法满足前线的需要。德军方面只能依靠德国后勤部队的汽车运输物资，随着两者之间距离的拉大，前线部队的生存状态只能是不断恶化。

德军和英军随即在托布鲁克展开了持久的消耗战，"一战"时期的凡尔登之战似乎又再次重现。物资供应不足的德军战士们常常要饿着肚子去作战，加之可怕的非洲夏季到来，气温日渐升高，他们的健康状况越来越糟，全军士气受到很大影响。

高傲的隆美尔这时也不得不低下头，重新考虑之前战略计划的不足。他眼见着阵亡将士的名单越拉越长，便常常在休息期间站在阵亡者的坟墓旁叹气连连。为了寻找到新的出路，他频繁驱车往返于托布鲁克与巴尔迪亚间，想要找到坦克取道之处。他发现，巴尔迪亚后段是一条长达16公里的古道，这里有一座意大利人修筑的石头要塞，而此处再走3公里就是埃及。进入埃及地界后，就能看到一条险峻的悬崖边通道，直通塞卢姆地区。

塞卢姆已于4月底被德军赫尔弗部所占领。这里是利比亚的门户，一旦失守，英军坦克就能轻易翻越悬崖，顺利进入利比亚地区。而隆美尔的军队就可能遭到埃及英军的袭击，托布鲁克必然只能放弃。隆美尔对于这里的防守很是看重，亲自参与制定了防御计划并设计了工事草图。然而截至5月中旬，这里的防线依然没有充足的兵力来防守，只有几个轻装小队守卫着前沿岗哨。隆美尔清楚，英军这段时间一定会趁机袭击塞卢姆，所以在外围的加扎拉又增加了一道防线。他们特意借鉴了托布鲁克的工事结构，以有利于对抗英军装甲部队的进攻。

5月15日，英军果然向这一区域发动了进攻。进攻的队伍分成两条支线，一支以哈尔法亚隘道为进攻基点，正面与德军对抗；另一支是装甲部队，从哈巴塔斜坡处突击，试图攻克卡普佐。英军此番行动的目的在于，要把隆美尔部驱逐到托布鲁克以西。而隆美尔根据形势判断，英军可能是想从后方突破，以巩固托布鲁克防线。战斗中，英军部队使用了"马蒂尔达"重型坦克，这使得德军反坦克炮全成了摆设。德军在战斗中受到不少损失，一度被迫北撤。为了避免立刻与敌军正面交火，德军指挥部要求各方面尽量在白天战斗，进行适当的反击，一旦天黑后就要撤出阵地，防止敌军夜袭。等到早上天亮起来后，可以向敌人侧翼重新发起突袭。

得到前线情报的隆美尔迅速做出反应，加派了一个坦克营，带着高射炮，向那里赶去。克拉梅尔中校率领的这支队伍连夜赶往目标地点，却因种种原因和海尔夫的前线部队走岔了。好在英军对德军兵力估计失误，很快又退到了起点。而此时的海尔夫部在一个坦克连的支援下，于天亮后发起了对敌军侧翼的攻击。终于，在太阳落山前，他们又收复了除哈尔法亚隧道之外的所有失地。

5月17日起，英军开始在新占领的哈尔法亚隧道修筑防御工事。除此之外，大批的战车和炮火等装甲设备被调遣到这里——英军决心死守这块战略要地。德国非洲军团自然不会轻易将此拱手让出，隆美尔已下令以海尔夫为首的步兵团负责继续攻打这里。

塞卢姆之战持续了数天之久，为了谋划下一步进攻方案，隆美尔决定沿着防区巡视一遍，看是否能够找到新的突破点。5月22日清晨，隆美尔乘着指挥车从驻地出发了。途中，他们非常谨慎，害怕英国空军和装甲部队随时出现。幸运的是，他们遇到的只有一些德意的运输车而已。

隆美尔抵达前方部队后，一方面紧急召集各部军官，进一步了解战场形势，为制定今后的作战计划提供依据；另一方面，他走访了各个阵地，慰问了前线官兵，试图缓解当前紧张的氛围，重新激发大家的斗志。事实证明，这招还是比较有效的。不少基层士兵第一次见到顶头上司，很是激动，暂时忘却了疲惫和饥饿。

　　3天后，布劳希奇元帅给隆美尔发了一份足足有6页的长电报。在电报中，布劳希奇严厉批评了隆美尔，要求其今后应当谨慎行事，不要因为一时的胜利而沾沾自喜。对此，隆美尔内心是很不服气的，认为这是最高统帅部是在不了解真实情况下对他的无端羞辱。在他看来，这群远在柏林的军事上层根本不了解前线的具体情况，不明白意大利人是多么的无能，自己的部下还远没有达到应有的标准，特别是这一切都不应该由他负责。

1940年5月，德国陆军元帅瓦尔特·冯·布劳希奇在西线

就在隆美尔大发雷霆的时候，塞卢姆前线的战斗又再次打响。这次，德军终于占了上风，英军节节败退。26日深夜，德军兵分三路直击哈尔法亚正面阵地。经过长久的战斗，次日清晨6点，海尔夫部最终夺取了隘道。英军部队匆忙向东边撤去，沿着海岸一直撤到了之前的起点。由于撤退过于狼狈，英军的不少"马蒂尔达"坦克和大炮装备被德军缴获。

这天夜里，隆美尔提笔给露西写了一封信，信中表达了对布劳希奇电报的不满，同时，也流露出对此次胜利的巨大喜悦。胜利是对质疑者的最好回击，正是带着这种想法，隆美尔给布劳希奇回了一封电报。隆美尔与最高统帅部之间的分歧正在不断扩大，不过，这并没有影响隆美尔在前线战场上的决断。他很讨厌长官坐在后方隔山指挥的做法，因为这很可能漏掉真实的战况。所以，对于上级的质疑和训斥，他反而抱着蔑视的心态，认为身在后方的他们没有资格对他到处指手画脚。

这次胜利毫无例外地成了纳粹党的宣传材料之一，隆美尔也因此得到了更多的拥护者。不断有人或组织机构给他写信表达他们的崇拜之情，其中还不乏有一些少年儿童。其实，隆美尔对当前非洲战场的情况仍是很担忧。除却要命的物资供给问题和不争气的意大利人，他对非洲军团的士兵状态很不满意，认为他们当前的状态甚至不如澳大利亚军。为此，他在战斗停歇期间又重操教官旧业，针对沙漠战场的特点，对步兵开展全新的战术培训，教会他们如何利用沙漠环境来固守阵地，以一敌三。隆美尔整饬队伍的范围还延伸到了指挥官层面。他率先裁撤了之前公然违抗其命令的施特莱彻将军，然后处置了一名临阵脱逃的营长。

在布防方面，隆美尔专门指示用88毫米炮在哈尔法亚和第208号高地上建立阵地。这将有力地抵御盟军装甲部队的攻击，在某些程度上配合了前线的进攻，实现了"攻守相配"的优越组合。

在战线方面，德军开始大力巩固之前的战果，形成了塞卢姆—拜尔迪—哈尔法亚一条完整的防线。此外，德军在埃及的边界处也建立了不少据点和临时兵工厂。

英军这次失败的夏季攻势被军方宣称"只是一次威力侦察"。实际上，根据现有文献来看，它的最初目的是为了彻底剿灭隆美尔的非洲军团。它还有一个响亮的代号，即"战斧行动"。

6月初，根据收集到的各类情报，隆美尔判断英军不久将会对塞卢姆地区发动一次猛攻。首先，英军的两个师正集中在第15装甲师附近，主力部队在塞卢姆至哈尔法亚一线，步兵则继续守卫在拉斯艾马道尔隧道处。

德军方面的最大困难是汽油储备有限，一旦遭到攻击，将很难放手一搏。英军则恰恰与之相反。虽然不久前刚刚战败，但英军方面并没有就此放弃"战斧行动"。英国首相丘吉尔亲自下达指示，要求务必全歼德国非洲军团，在北非战场再创战绩。为了完成行动计划，英国人利用海上舰队源源不断地向非洲战场输入战备物资，并通过埃及的亚历山大港将军需发往前线。

盟军方面负责此番主攻的是英军的第7装甲旅和印度第4师。面对德军第15装甲师集中完毕的情形，英国统帅部再次高估了德军的实力，将战斗目标仅设定在"把德军赶出托布鲁克防线"。英军西线部队的佩尔斯将军决定首先发起攻击,但他还不知道,德军已经窃取了相应的情报。

6月14日深夜,已做好充分准备的隆美尔命令塞卢姆地区的德军部队立刻进入紧急备战状态。同时,第5轻装甲师下属的几个连队和部分意军也被调往支援。凌晨4点左右,英军正式展开攻势。他们将进攻部队一分为二,一支在沿海平原,一支在高原地带,分别向塞卢姆东南方和南方的前哨阵地进攻。5个小时后,英军的战车开始攻击卡普佐要塞,并占居上风。11点后,德军第5轻装甲师陆续赶到卡普佐来援助守军。此时的英军正集中所有重兵在西迪欧麦尔和卡普佐之间,准备集中火力从东边击垮德军的第15装甲师。隆美尔本想让守军守住卡普佐的出入口,却因兵力不足而作罢。

见德军守备薄弱,英军开始涌向哈尔法亚隘道,希望彻底打开这条通道。但在这里,他们遇到前所未有的顽抗,迟迟未能攻下,自己反而损失惨重。

夜幕降临前,英军对卡普佐实行了强攻。第15装甲师和第8战车团与之激烈搏斗,直至深夜12点,隆美尔下令第15装甲师撤离卡普佐要塞,以求保存实力。随后,第15装甲师和第5装甲师被下令共同向南部进发,直插对方侧翼部队,并最终抵达海岸线。如此一来,英军前线与补给基地之间的交通就会被生生斩断了,到时必然只能撤退。

相关链接：

飓风式战斗机

简称飓风战机，是第二次世界大战中非常著名的战斗机之一。20世纪20年代以前，英国空军对单翼战斗机还持有怀疑态度，直到霍克飞机制造公司的肯姆爵士出现。在军方的支持下，他设计了装有 Merlin PV12 发动机和收放式起落架的飓风战斗机。这就是飓风战机的初始型号 MK1。战机外观呈流线型，机翼有布制蒙皮，螺旋桨为木制；座舱盖为滑动型，便于飞行员紧急脱离。

首架飓风战机于 1935 年 11 月试飞成功。首款型号机身带有 8 挺机枪，但口径较小，只能击落一些木制飞机。为了改善此问题，1939 年起，飓风加装了装甲和喷射式排气管道，发动机推力更为强劲。这批战机随后成为英德不列颠空战的主要战机，并且取得了辉煌的战绩，共击落约 1600 架德军战机。

1940 年 9 月，Mk II-A1 开始进入英国空军部队服役。该型号主要在机翼内增设了 4 门 20 毫米口径的航炮。没过多久，霍克公司又推出了飓风 Mk II-A2。这种型号不仅螺旋桨部分有所扩大，还装备了 12 挺白朗灵机枪和 4 门航炮，因此被人们戏称为"飞行开罐器"。

MK IIB 和 MK IIC 于 1941 年出现，推出时间前后相差仅 2 个月。它们的突破之处都在机翼部分，主要是增加了安置炸弹和油箱的架子。MK IID

于 1942 年正式交付英国空军使用。它最初配备的是劳斯莱斯航炮，只能携弹 12 发。为了增加携弹数，开始装配维克斯 S 航炮，携弹数增至 15 发。其主要任务是在北非轰炸德军的地面装甲部队。MK IIE 着重在机翼方面进行改造，首次交付使用后，型号代码被改为 MK IV。该型号飓风的最大特点是携有 RP-3 火箭弹，但这也成为其最致命的缺陷——时速被大大限制，很容易被德军地面火炮击中。它主要被用于欧洲战场执行轰炸任务。后来在这种型号的基础上衍生出了 Mk V，改用 4 叶螺旋桨和 Merlin 32 发动机。不过此时的台风战机已经在国内逐渐取代飓风，所以这种战机的生产量非常有限。

截至"二战"结束，英国和加拿大飞机制造商生产了约 15000 架飓风战斗机，其中约 3000 架被秘密运往苏联，支援东线战场，还有不少在运输途中被德军从海上击毁。

率部反击——重掌优势扬威名（上）

第5轻装甲师被隆美尔紧急调至西迪苏来曼，在到达西迪欧麦尔的边境处时，他们遭遇了英军第7装甲旅。双方随即展开了激烈的坦克战。激战过后，德军取得了主动权，顺利通过了西迪欧麦尔东北部，继续向目的地进发。

这次战斗成为会战的关键一环。隆美尔借此时机，命令第15装甲师把所有能够抽调的机动兵力撤出，迅速赶往刚刚疏通的通道，与第5装甲师平行前进，一同向西迪苏来曼进发。此番调动实际是带着冒险因素的，一旦德军有一处失败，那么就等于输掉了整场战役。

英军也开始调动起军队来。与德军不同，他们把装甲兵力主要集中在卡普佐北部，预想于次日上午对第15装甲师留守部队发动最后的猛攻。不过，隆美尔再次发挥了其快攻的战术手段，在第2天凌晨就让西迪苏来曼方向的德军部队发起了突袭，进而夺得了战局优势。

6月17日，德军第5轻装甲师准时抵达了目标地区。第15装甲师则在半路上与英方援军打了一场遭遇战，好在最终也是顺利到达指定攻击点。隆美尔正在他的指挥车里，不断接到前线的战情报告，内心一阵窃喜。他接到了情报处所截获破译的英国军方情报，一切情形均表明，前一天的全面奇袭令英军大大受挫。特别是英军的第7装甲旅，因为长时间的战斗，他们的弹药储备即将耗尽，只能向司令部请求援助。种种迹象都表明，英军官兵的士气正处低落之时，已经无法正确判断战场形势。隆美尔决定在对方再次主动进攻前，先发制人，首先将英军当前的状态告知各部长官，以激发他们的战斗信心。其次，他将第5轻装甲师和第15装甲师调往哈尔法亚隘口，然后从隘口北部实行突破。

英国守军的处境越来越艰难了。由于燃料和弹药的不足，他们必须放弃反击，并尽量毁掉无法带走的重型武器，以便可以随时完成撤退工作。下午4点，德军的两个装甲师终于来到了隘道口，并按照指示迅速往北进军。但问题是，他们的行动并没有达到隆美尔预期的效果。原本隆美尔是希望两支部队不断收缩包围圈圈，将这部分英军主力困死在圈中，或歼灭英军大部兵力，但现实是，英国军队被挤出了包围圈，并迅速撤走。所以，这次胜利并没有给隆美尔带来多少快乐。当然，那时的他并不知道，英军的主力部队早已在德军到达前从隘道南边撤走了。

不管如何，历时3日的塞卢姆会战终于画上了句号，英国的"战斧计划"也随之瓦解。从盟国和轴心国双方的战备损耗程度看，德意方略胜一筹。他们被完全摧毁的战车只有20余辆，而敌方达87辆。

在接下来的日子里，隆美尔为了庆祝胜利，特意驱车到各方前线去巡视和慰问，尽力抚慰疲惫的士兵，向他们英勇无畏的战斗行为表示感谢。而德国非洲军团的全体官兵都为这次会战的初步胜利感到兴奋异常。毕竟，他们许久没有尝到胜利的滋味了。会战的胜利也使得隆美尔找到了一个反击柏林最高统帅部的机会，对此，他亲自撰写了一份战斗报告提交给了最高指挥部。

隆美尔在自己的战斗笔记中也详细总结了此次会战的成败得失。在记录中，他对英军的统帅韦维尔给予了充分的肯定，认为其所制定的战略计划很是优秀，但最终被重型装甲车的笨重性所拖累。在隆美尔看来，对方的计划虽然简单，但很具威胁性，值得德军方面重视。他还分析了英军不少现代装备。如马蒂尔达战车，他指出这种战车装甲厚，战防炮很难轻易打穿，但炮口口径小且射程有限。他还提到了英军的 Mk 巡航战车，认为如果配置了重型火炮，将会严重威胁德军的装甲部队。

德国非洲军团在塞卢姆会战中的表现令最高统帅部的态度有所改变。希特勒对隆美尔部的表现很是满意，在他的示意下，德军统帅部为非洲战场设立了专门的装甲兵团，包括当前所有在非洲的德军部队及意军第 21 师，几乎相当于一个集团军。隆美尔本人则晋升为上将——这时他可连 50 岁都没到。当然，隆美尔可不会因此而满足，他还想争取更多的勋章和荣誉。

6 月初，希特勒就已公开宣布巴巴罗萨计划的启动，并指出下一步的攻占目标就是中东和北非。隆美尔终于明白，为何之前的连续请求都没有实质性的回应。这一赤裸裸的侵略宣言，实际上将隆美尔部负责的利比亚地区纳入了战略规划。为此，德国非洲军团必须全力夺取托布鲁克，然后沿着西边的道路去占领埃及。6月底，统帅部正式下达文件，要求隆美尔为下一阶段的战斗制定详细的方案。隆美尔明白，在日后的战争中，他就必须考虑到东线形势，不能对柏林方面的援助抱有太过分的奢望。

他所要面对的挑战还有很多，其中一项便是来自内部的人事之争。隆美尔管辖的装甲兵团改称为"非洲装甲兵团"。对此，隆美尔本身也很疑惑。在给妻子的信中，他甚至表示自己都不知道自己算不算一个总司令，因为他所指挥的毕竟不是一个集团军。他的晋升引发了意军方面的骚动，这突出表现在意军总指挥的交替。7月初，与墨索里尼交情颇深的埃托尔·巴斯蒂柯将军突然被任命为新的北非最高指挥官。这是一位性格颇为强硬的军人，一上任便紧急召见了隆美尔，表明自己具有北非战场的最高指挥权。

让隆美尔感到颇为烦恼的，还有沙漠地带难挨的气候状况。他在给妻子写信时，不止一次抱怨非洲的蚊虫之多，天气之炎热，让人辗转难眠，心烦气躁。7月28日，隆美尔返回国内休假，还没来得及上医院看病，三天后他又急忙赶往柏林去见希特勒。希特勒亲自表彰了隆美尔及其所属部队在塞卢姆的英勇战斗，并向他简要介绍了德军东线的战况。在希特勒的示意下，8月6日，隆美尔与墨索里尼及罗马最高统帅司令进行了会谈。

在此次会谈中，隆美尔为意方分析了塞卢姆阵地的关键性作用，并坚持认为，只要战备供应充足，定能击溃对手的优势兵力。墨索里尼被隆美尔热情洋溢的发言给深深感染了，决定姑且一试。意方将领随即前往利比亚部署下一步的战斗计划，这样，隆美尔想要攻占托布鲁克的方案终于走上了运行轨迹。隆美尔为此兴奋不已,甚至连自身的健康状态都顾不上了。其实,从柏林出发之前,他就发觉身体有些不适,身上的皮肤明显变黄,但为了尽早赶回战场,就没有重视这件事。待他离开罗马时,终于挺不住了。经过医生检查,他被确诊得了黄疸病。即便这样,也没能阻挡他重返战场。

夏天还没有结束,北非战场的各方动态就足以表明,这个冬天必将掀起一阵腥风血雨。意大利人依旧在一些鸡毛蒜皮的小事上争执不休,唯恐德国在北非占了他们什么便宜。而隆美尔对此早已习以为常,甚至认为德军换个战场也未尝不可,没有必要再跟这些意大利人纠缠不休。

8月底的时候,德军的一个师登上了非洲大陆,这就是后来第90轻装甲师的前身。虽然这支队伍是新编制而成,但很多经验丰富的优秀军官位列其中,还有不少是隆美尔的好友和旧下属。

为了更好地观察前线战事,隆美尔的指挥部被设置在托布鲁克和埃及之间的地段。为了之后的冬季攻势,隆美尔每天的绝大多数时间都耗费在漫漫的旅途中,走遍了每一个部队驻扎的角落,为的就是保证每一处都有维持一周的战备和口粮。他督促部队进行必要的实弹演习,强调塞卢姆地区要加快工事修筑,积极为托布鲁克之战做好准备。

为了让休整后的战士练练手,隆美尔一度瞄准了英方的物资供应总库。9月14日,第5轻装甲师趁天还未亮时,越过英军的铁丝网,向地处埃及边境的供给库赶去。他们借助一片灌木丛作掩护,将卡车和坦克混杂在一起,远远看去好像坦克大军来犯。英军吸取了之前的教训,没有轻易上当,但还是将队伍撤离到很远的地方,防止遭到突然攻击。德军深入埃及境内达百来公里，转悠了好几个小时，却始终没有遇见一支英军部队，于是就前往预定地点向隆美尔报告去了，隆美尔对此也是十分疑惑。一直等到下午1点左右，英国战机突然向他们冲来，并不断投掷炸弹。德军的几辆战车瞬间被炸毁了，坦克团士兵也有不少伤亡，指挥车里的隆美尔没有受伤，但他的司机就没有那么幸运了，早已奄奄一息。

德军只能放弃计划，匆匆向自己的阵地方向撤退。可笑的是，那些原本想装载敌方物资的6辆空卡车此时也被抛在了一旁。

9月下旬，隆美尔接到了来自上级的英方情报。消息称，英军即将发起大规模的全面进攻。但他对此却表示怀疑，特别是经历过之前的那一次战斗后，他坚信对方在最近一段时间不会再进行大规模的军事行动了。

即便对方有所行动，他也没有办法提前对托布鲁克发起进攻。理由只有一个，那就是给养不够。严重的给养困难与当时"二战"的整个大格局有关。德军战机从西线和海上调至苏联战场后，英国人趁机加强了对德国军事运输的海上封锁。德方虽然启用了所有能用的港口，但还是远远无法满足非洲战场的供给需要。意大利方面更是过分，供给所需从来没有达到过承诺的标准。

9月底，德意方面的大批物资被运至班加西。隆美尔这才觉得，未来战争的胜算又多了一分。10月初，德国柏林和意大利罗马都发来情报，说明英军正向埃及调派大量兵力，可能提前发动进攻。这一消息的真实性显得比较可靠，因为在当时的情形下，英国方面只能先于德意出击才有取胜的可能，他们不会坐以待毙，必然棋出险招。

隆美尔对此却不以为意，一心认为，英军的最大顾虑应当是托布鲁克,而非埃及。当其他将领请命前去侦察证实情报时,也被隆美尔否决了。在他心里,没有什么可以阻挡"仲夏夜之梦"的行动计划,坚定地相信英军不会轻易出手。至于与之判断相左的情报,他决定暂放一边。加之他的老部下和老朋友都已抵达非洲,他更加有信心完成攻克托布鲁克的作战计划。

10月中旬,在经过与意军指挥部激烈的争论后,隆美尔依旧坚持了自己的预定进攻方案。他向下属的各部长官下达了初步作战计划,即首先连续几日炮轰托布鲁克,冲击敌军的防御线,与此同时,新编的非洲师配合第15装甲师为前线拉开一个突破口;接着,德军突击部队与意大利第21军合作进攻,与其他队伍顺利会合;最后所有部队汇集成点,共同冲向托布鲁克港口,将英方守军彻底逼向绝境。上述内容被德国北非军团称之为"仲夏夜之梦"军事计划。这个原定只需2天时间的军事计划,实际上被拖延了近1年后才得以真正施行。

隆美尔的作战方案在当时遭到意方将领的强烈反对。他们指出,如果英军在德方发起攻击时从后方袭击,或者先于德军发起总攻,那么计划就可能全盘崩坏。针对这一点,隆美尔提出,他已安排好一支机动部队,专门负责拦截半路杀出的英军。这么做等于将塞卢姆防御线延伸进沙漠,到时英军就不得不采取迂回进攻的方式,间接地为前线德军争取了战斗时间。等到对方绕过防线时,托布鲁克早已是德方囊中之物。在他看来,以当前英军在非洲的状态,他们的兵力和装备都有限,不会轻易实行这样的突袭。

不管隆美尔费多少口舌,意军方面依旧无法接受率先夺取托布鲁克的想法。为了获得更多的政治支持,隆美尔花了不少心思,甚至把高斯派到罗马去充当说客。最终的结果是,希特勒和墨索里尼经过反复讨论,决定首先攻下托布鲁克再向埃及进发,罗马的统帅部不得不屈服下来,答应全力支持隆美尔部的行动,保证他在11月初能够发动冬季攻势。

但希特勒考虑到一切的可能性,为了防止北非军团遭到来自埃及的突然攻击,他派阿尔伯特·凯塞林率领一支空军队伍前往地中海基地,并让德国海军从大西洋战线抽调出24艘潜艇一同前往。

隆美尔最终还是对上级的警告做出了反应。10月20日意大利最高统帅部发来了明确的军事情报,说明英军即将发起进攻。6天后,隆美尔下达了进攻托布鲁克的命令。定于11月20日开始进攻。实际上德军统帅部是想让他1942年时再考虑进攻托布鲁克的,因为英国方面明显已经开始关注北非这片土地,将大批部队调往此处,今后他们的部队将会越来越强大。如果这时贸然进攻,德国将会在这里耗费越来越多的资源,那么欧洲的战局形势必然会受到影响。但是,不论他们怎么努力,隆美尔始终都不愿意放弃托布鲁克。他的想法很简单,应当趁着英军兵力不足之时,把握绝对优势,在两天内解决托布鲁克,这样就解除了后顾之忧,可以尽全力准备攻下埃及了。

当给柏林发完这进攻前最后的回复后,他就离开了前线指挥部,前往罗马去见妻子露西,一起庆祝他的50岁生日去了。在罗马,他暂时抛开了一切顾虑,和爱人愉快地度过了半个月。当然,他的心里始终没有放下托布鲁克,总是在静下来的时候想着怎样才能尽快夺得那块地方。休假结束后,他立刻赶到指挥部,和部下一起讨论如何解决最为关键的物资供给问题。11月初，一批满载战备物资的德意联合运输船队被盟军截获，这给北非战场带来了极大压力。意军统帅部开始隐隐担心起来，害怕之前的计划会受到干扰。但隆美尔一再强调攻占托布鲁克只需短短的两日，英军在退路被阻隔的情况下不会主动发起进攻，完全没有必要为此忧心忡忡。

11月11日，德国空军将所拍摄的侦察照片传达给了隆美尔，照片中有大量英军向非洲战场调兵遣将的图像。为了说服上级信任自己，隆美尔再次拜访了意大利最高统帅部，表明就算供给出现问题，自己也要率部攻打托布鲁克。在与墨索里尼顺利会面后，这位意大利首脑终于拍了板，要求隆美尔尽快带着非洲军团拿下这个港口城市。

实际上，北非军团的前锋部队已经向托布鲁克方向进发了。11月17日，德军方面侦察到英军的一个师已经由马特鲁港口进入了沙漠。指挥部早已沉浸在隆美尔美好的计划蓝图里，对这个情报并没有给予足够的重视。此时的隆美尔正刚刚从罗马启程赶往前线指挥部，谁知中途遭遇了风暴，耽搁了一晚才得以重新出发。然而这次他的飞机竟然又发生了机械故障，于是又耽误了一夜，他才抵达利比亚的机场。那里早已被大雨所淹没，好不容易才找到平坦的降落点。虽然暴雨阻碍了隆美尔及时返回战场，但也给英军侦察带来了困难，没能按计划出动。因此，隆美尔坚信，他们的时间依然充裕。

但事实上，英国第8集团军已经深入到利比亚境内十多公里了。隆美尔要面对的将是一支装备精良的百万大军。隆美尔身在罗马时，为了稳定军心，其指挥部并没有向下面基层透露任何关于英军调动的信息。在这短短的几日，英军的前线突击队已经推进到塞卢姆地区，而他们的装甲部队则完成了对塞卢姆防线的侧翼包围。英军已经渐渐逼近隆美尔所在的核心阵地。

隆美尔调整计划，暂时放弃对托布鲁克的围攻，命令部队转向英军主力，缓解当前的危局。11月19日，德军与英军的三支装甲纵队发生了一场激战。意军的阿里埃特师被左翼的英军兵力打退，而德军的第21装甲师却击退了右翼的一支英军，中路的一支英军已经抵达平坦的飞机场地，并在那里建立阵地，想要找准时机进入托布鲁克，和那里的驻守部队会合。

11月20日，非洲军团以英军右翼为基点，继续向内围突击，击毁了不少英军装甲车。还有一部分德军顺利进入到格布尔沙里——西迪欧麦尔地区，建立了战斗堡垒，希望借此插入英军中路纵队的后方。隆美尔考虑到当前德军并没有任何优势，意军又不能指望，所以决定先集中机动兵力，然后实现各个击破。这样的战术对付当时的英国军队非常有效。因为英军为了提高队伍的机动灵活性，将装甲部队以旅为建制，分为一个个小单位，正中德军各个击破的下怀。

从11月21日开始，德国北非军团按照计划向英军装甲纵队后方发起总攻。几番苦战之后，德军推进到卡普佐要塞以南的一个斜坡附近。他们随即转换了战略部署，由积极进攻转变为机动防御。这种战略转换随即就得到了隆美尔本人的赞同。第21装甲师开始行动起来，重新夺回了机场地区，把英军逼向南边。最终德军大获全胜，俘获了对方的旅长，致使该旅立刻溃不成军。不过，盟军在塞卢姆防线后方的进攻中取得了胜利，最后夺走了卡普佐据点。

11月23日起，德意联军集中了所有可以调动的军队，向盟军的进攻主力发起攻击。这一天，德国北非军团各部需要完成的任务非常之多，指挥部下达的军事指令也尤为复杂，光翻译密码电文就花了好久的时间。

克鲁威尔将军早已知晓隆美尔的计划内容，所以无须等待，直接带着队伍就去参加这次的主攻会战。按照他的想法，他的部队应该先和其中一支意军会合，整合好装甲部队，然后联手袭击盟军后方。然而，还没等会合完成，这支部队就遭到一支新西兰装甲部队的偷袭。随着战斗不断白热化，越来越多的盟军战车出现在他们眼前。战斗到最后，德军几乎全军被俘，只剩克鲁威尔将军和几名将领侥幸逃了出去。好在意军的支援部队已经抵达预定地点，为德军带来了100多辆坦克车。这样，克鲁威尔就能再次整顿队伍，继续向盟军背后发起攻击，从而缓解第21装甲师的压力。

但事情远没有想象中那么简单。没过多久，他们又遇到了盟军新的防线。这道防线位于比尔艾海德和西地穆弗塔间，不仅长，而且主要由野战炮和战防炮构成，威力十足。在这种情况下，如果再行硬拼，是十分不明智的选择。在激烈的争斗中，意军的战车几乎被摧毁干净，而整支部队在猛烈的火力下始终无法推进。然而，英军的炮火在傍晚时分还是渐渐弱下来了，防线被打开了不少缺口。德意部队带着残余的几辆战车顽强地向前进发，攻打盟军后方的部队这时也正赶了上来，形成了两面夹击的局面。

混乱中，克鲁威尔将军乘着"猛犸"冲入了英军阵营中，英国人一时没有反应过来，还以为是自己人。待到双方回过神来，各自都吓出了一身冷汗。恰好有炮弹落在阵地间，克鲁威尔和部下这才逃了出来。

炮火激起了漫天的飞尘，一时间双方都无法知晓战情究竟如何。西迪里齐的南部平原上，聚集着很多逃窜的英国官兵，还有他们没有丢弃的战车。

这场战斗一直持续到天完全暗了下来。这两天,战场上的大火几乎就没有熄灭过,到处都是被毁的武器装备。待到深夜时分,双方的对峙局面终于稍有缓和,各自都开始清点伤亡数量,好为第二天新的战斗做好准备。

德意联军和盟军双方在这个"死亡星期天"里损失都不小,但对隆美尔来说,这一切都是值得的。经过此战,英军的托布鲁克防线受到极大冲击,主力部队被消耗不少,特别是英国第30军,损失了一半以上的坦克装备,只能暂时将余部撤至更南边的地方。盟军试图歼灭德国北非军团的"十字军计划"实际被瓦解。

1941年11月23日,德国容克87斯图卡俯冲轰炸机前往轰炸执行十字军计划任务的英军坦克

24日上午，负责托布鲁克南面战场的克鲁威尔将军向隆美尔报告了详细作战情形，隆美尔这才知道西迪里齐的敌军已基本被剿灭干净。这直接促使他坚定了深入英军后方反击的信念，顺势击溃新西兰军和印度军，使得他们无法再次合体，德军就可以安心地向托布鲁克进发了。除此之外，他还向部下们指出，今后德军更要加快速度，在英国人没有恢复元气之前，一口气打到西迪欧麦尔。他其实是想尽量多占领地方，把盟军赶到埃及去。

为了尽可能集中兵力进行追击，隆美尔冒险将一些零散的队伍组成了一支防守军，让他们驻守在托布鲁克以南，起到震慑对方不敢轻易突围的目的，尽管他没有优先解决掉那里的英军残部，因为不想再浪费太多的时间。他计划好先攻打塞卢姆地区，把对方的物资供给线切断。就在当天中午，德意的前锋部队就在沙漠中疾驰，几个小时后就到达西迪欧麦尔。隆美尔在队伍的最前方打头阵，率领第21装甲师穿过由印度军防守的阵地，直驱西迪苏莱曼，渐渐围住了哈尔法亚隘道防线。德军的两支混合部队此时正分别突袭盟军在马达里亚的物资供应站和哈巴塔地区铁路沿线的英军驻扎营地。

上述行动直接冲击了盟军方面的补给供应线，这对英国第8军团造成了前所未有的打击。不过，隆美尔在与第21装甲师会合过程中还经历了不少曲折。首先是车子抛锚，好不容易搭上顺路车后，队伍又迷了路，他们只能在敌军的防区内到处转悠。盟军的卡车、坦克不断在附近开过，但没有人认出他们的车，更不会想到德军的一帮军官们竟然离他们如此之近。他们就这样战战兢兢地度过了一个不眠之夜。其实，误入敌营的事在双方阵营都时有发生。有一次，隆美尔甚至走进了新西兰军的部队医院，在巡视一番后，还允诺提供一些医药物资，随后扬长而去了。

由于第21装甲师误解了指挥部的命令，无意间改变了之前的作战目标。他们穿过了哈尔法亚隘道，在卡普佐附近和新西兰军、印度军打成一团，受到对方的强力阻击。正是因为英国中东集团军总司令奥钦列克将军从开罗赶至北非战场，要求部队就地整顿，才使得英军的战斗力迅速得到复原。

隆美尔计划的这次突袭令盟军方面胆战心惊，但实际并没有达到应有的效果，原本处于优势的德意军队反而渐渐处于不利地位。他想切断英军供给线，但德国装甲师在经过对方的物资堆栈时，却丝毫没有发现，让胜利白白从身边溜走。当时德军还没有取得此地的制空权，无法及时侦察到相应信息，所以也是可以理解的。

鉴于新西兰军、印度军和托布鲁克的英国守军依旧毫发未伤，隆美尔决定将捣毁盟军补给站的方案放在一边，先集中力量，搞定相对较弱的新西兰军。11月25日，托布鲁克附近又掀起了新的战斗。德军处在盟军的夹击之下，巧妙周旋，暂时挡住了攻势。隆美尔接到情报后，立即下令塞卢姆地区的作战一律暂停，机动部队要立刻赶往托布鲁克战场。

第5坦克团已经放弃新的会合计划，转而进攻西迪欧麦尔。第5坦克团在之前的战斗中，损失惨重，不仅团长受了重伤，坦克也只剩下20辆左右。但是，他们必须接受新的任务，前往英军的野战炮阵地去迎接新的战斗。

相关链接：

1.Mk.Ⅵ巡航战车

Mk.Ⅵ巡航战车，即人们熟知的英国十字军坦克。最初于1940年由维克斯公司研制成功，是该公司轻型坦克中的第6号制品。1941年正式投入北非战场使用，成为英军实施"战斧计划"的利器之一。

该战车主要参考了苏联和美国坦克的结构造型，总重量为20吨，装甲厚度最大值为49毫米，最高时速可达56千米每小时，本身配有1门40毫米口径的火炮和1挺机枪。

相较于之前的5款维克斯轻型坦克，它主要改进了炮塔和车身后部容量，使之不仅可以装载更多的人，还能装载一套无线电设备。这种轻型坦克行进速度较快，悬挂系统也很好，但装甲薄，火力弱，极易产生机械故障。其次，由于坦克本身长和宽的比例失调，造成底盘稳定性不足，在沙漠地带路况较差的地方往往会影响射击精准度。

为了更好地适应沙漠战场的需要，英国将其装甲厚度增至52毫米，且改装6磅炮和17磅76.2毫米口径的榴弹炮，以提升它的杀伤力。此后，改装型成为英军第7装甲旅的主装坦克。它灵活的身躯很快吸引了德意部队的目光，乃至于意大利人想要仿制类似的机型。

此系列坦克还出现了众多的衍生型号。Mk.ⅥA型号将反向滚轮固定在坦克两边，炮塔上面的顶盖设计成弧形；Mk.ⅥB带有装甲的散热器，外部设备层数减至1层，以便于生产，顶端弧形盖则改装为平面型；Mk.ⅥC在外观方面扩大了转向架，所装的机枪改成 15 毫米和 7.29 毫米口径的贝莎机枪。除此之外，还有不少战车利用了其底盘来加工改造。

阿拉曼战役之后，英国十字军式中型坦克在沙漠中行军

Mk.VI 初生产时，被英军专门用来执行侦察任务。1940 年 5 月，法国战争爆发，Mk.VI 成为英国远征军的主要轻装甲战车。Mk.VIB 主要被用于北非战场，由第 3 轻骑兵团和第 7 装甲旅掌握。它比同时期的意大利坦克要优越得多，在战场上取得了不错的战绩。一直到 1942 年，在德军新型坦克和沙漠高温的双重冲击下，英国军方放弃了对其继续升级，而改用性能更佳的美国坦克。

2.猛犸战车

此款坦克为德国保时捷公司所研制,可以视为德国鼠式坦克的前身。之所以称为猛犸战车,是因为其重量非常惊人,而"猛犸"就是长毛象,这样形容更为贴切。其研发代号即为"猛犸"。按照最早的设计草图,它应身着120毫米厚度的钢甲,总重量达120吨。其炮塔重量就达到23吨,并配备了一门口径为15厘米的战车炮。该坦克由16缸发动机带动,但也有虎式坦克那样的电动引擎。

它的最大特点就是重量惊人,而超重的体型与其超级厚重的装甲表面有很大关系。它的机身正面厚度有120毫米,侧面也达到了100毫米。炮塔处厚度更大,侧面也达到了120毫米,外观上是被一个弧形炮盾覆盖。即便如此,它还是比后来的鼠式坦克稍小一些。

由于种种原因,这种坦克的部分设计草图原件已经丢失,很多设计细节仍然不得而知,只能从其改造款——鼠式坦克身上找到一些影子。

率部反击——重掌优势扬威名（下）

会战丝毫没有结束的迹象。25日中午，德军机枪营按照隆美尔的指示抵达了东部海岸附近，被要求牢牢掌控着这里的主动权。谁想还没来得及歇一口气，他们就见到了不期而至的隆美尔本人。隆美尔没有给他们任何休息的机会，而是立刻下令开始挖壕沟，筑堡垒。布置完任务后，隆美尔就立刻开始了他的巡视之旅，再也没有人能够捕捉到"沙漠之狐"的踪迹。

11月26日，原本驻守埃及边境的德军部队突然撤到了利比亚地区。得知消息后，隆美尔气得要命，急忙让人去调查事件真相。他还不知道，在他与指挥部失联的这段时间，托布鲁克战线正面临着前所未有的窘境。谁都没想到，新西兰军已经顺利占领了托布鲁克的一系列重要据点。德军已经接连丢失了关键的机场和高地。当时指挥部的魏斯特伐为了减少伤亡，便自作主张让第21装甲师到西迪里齐去救援。第21装甲师的提前撤离完全打破了隆美尔制定的突袭计划，怪不得他气得大吼大叫。但生气归生气，他还是很快恢复了冷静，下令部队立刻到托布鲁克防线战斗。

从当时的战场形势看，德意军队的整体状况实在是不怎么样，可以说完全处于劣势。德国北非军团的坦克被消耗殆尽，只剩下了40辆完好的主力战车和20辆左右的轻型坦克，这连盟军坦克数量的1/5都不到，仅新西兰师就有80多辆"圣瓦伦丁"和"马蒂尔达"型号的坦克。隆美尔本人却信心十足，从未丧失过胜利的渴望，在他眼里，"我们已经度过一个坏的阶段"。

奉命前往托布鲁克的第15装甲师很快就在半路遇到了前来阻击的英军第22装甲旅。下午4点，英军的第4装甲旅赶来支援，第15装甲师顿时陷入了困境之中。幸运的是，这时已接近黄昏，英军坦克部队规定的"夜间会合"时间点很快就到了，他们放弃了歼灭第15装甲师的大好机遇，全部向南撤去。

11月28日，第21装甲师沿着海岸公路向坎布特进发，并最终到了达查弗兰南部地区。与此同时，第15装甲师依旧徘徊在卡普佐附近，与那里的英军机动部队不时发生小规模战斗。隆美尔准备把新西兰军拦截住，防止他们和托布鲁克的守军重新联起手来。可惜的是，第21装甲师的师长被新西兰军俘获了。

29日，非洲军团再次频繁地活动起来。第15装甲师和第21装甲师平行前移，目标是艾都达山脊和新的制高点。第21装甲师仅剩的10余辆坦克勉强推进，很快就停在了半路上，而第15装甲师则继续向前。

根据窃听到的英方情报，托布鲁克又再次被围困住了，他们希望能够暂时停止战斗，待休整完成后，再进行新一轮的进攻。得到情报的隆美尔当然不会让英国人获得喘息的机会，因为英国人也没给德国人留一点缝隙。塞卢姆防线的形势依旧很严峻，那里正遭受印度军的猛攻，导致德方的物资供应时常受挫。为此，隆美尔派遣了两支队伍专门负责打通运输交通线，解除前线的后顾之忧。英军方面虽然没有再主动进攻，但也没有丝毫停歇，而是开始紧急整军，补充卡普佐附近的防御线。

至此，11月18日到12月1日间的大会战告一段落。根据《战时文件》的记录，德国非洲军团方面共击落盟军127架战机，击毁814辆装甲坦克，俘获约9000名官兵。

1941年12月起，英国方面加大了对北非战场的支援力度，更多的援兵正赶往这里。托布鲁克正逐渐恢复坚不可摧的防御系统，而且还跃跃欲试要主动发起对隆美尔北非军团的攻击。而卡普佐附近的两支德军机动部队的袭击基本以失败告终，这令隆美尔深感形势不妙，必须当机立断，迅速出击。

12月4日，德军根据窃听的情报，弄清了对方的军事部署情况。英军在井比盖集结了新的队伍，正试图绕过德军侧翼，直接从后部袭击，打破德军对托布鲁克的包围圈。隆美尔决定打破英军的美梦，来个半道突袭。

其实，当时德军的兵力不是很充足，始终没有完成对托布鲁克的全面包围。为了完成截击，隆美尔放弃了一部分包围圈，让部队开入阿代姆阵地，随时做好突袭的准备。这次的任务原本应当由德意部队联手完成，然而意军一直敷衍了事，似乎不愿轻易出击，使得德军只好单干下去。

正式的行动于5日午时开始，德军的首要对手是英国近卫旅，然后是第7装甲旅。太阳落山后，德军已深入至盖比井西北部。不过，英军也不是吃素的，他们从德军放弃的包围圈冲出来，一举攻占了艾都达山脊一带，使得德军不得不彻底放弃了东段的防线。

在物资极度困乏的情况下，德军并没有停止战斗。意军一次次报告，说他们已经精疲力竭，不能再继续行动了，德军只好在盖比井孤军奋战。德军虽然作战英勇，但毕竟身处劣势，连攻两日却毫无结果，反而损耗甚巨。

隆美尔不得不面对残忍的现实——放弃托布鲁克，撤回加扎拉地区，力争守住昔兰尼加。他明白，如果一直坚持进攻托布鲁克，而又没有必要的物资供给，那么就只会更加削弱北非军团的力量，利比亚就会陷入重重危机中。丢了利比亚，那可真的是得不偿失。

12月7日至8日，德军一面要守住托布鲁克西面的防线，还要让德意摩托化军摆脱正面而来的敌军。德军的第90轻装甲师和意军的第21军已经顺利撤离到加扎拉地区。撤离途中原本是英军偷袭的好时机，但英国人却没有这么做，明显是害怕其中有诈。

塞卢姆防线的德国守军渐渐远离了主力部队，失去了最后的补给机会。所有的重兵都被调到了艾季达比亚隘道处，因为此处直接关系到德军撤退的后路。12日，德军以最小的损失完成了撤离任务。虽然隆美尔事先已经向上级说明了他的整盘计划，即跨越昔兰尼加实现总撤退，但还是受到了来自各方的强烈质疑。意大利总督巴斯蒂克直接到访司令部，向隆美尔表达了内心的不安，希望能调意大利师前往艾季达比亚。隆美尔显得非常硬气，拒绝交出自己统领的意军部队。他直接对这位意大利高官表了态，如果意军不再听从调度，那么德军将把昔兰尼加交给意大利人自己去守。这下总督不敢再说什么了，他很清楚自己国家的军队有几斤几两。其次，盟军方面借着德国北非军团撤退的事大加宣扬，鼓吹"沙漠之狐"已经被英军打得夹着尾巴逃跑了。

13日，意军第20摩托化军所镇守的防线被突破，使得德军指挥部开始紧张起来，只有隆美尔做好了最坏的心理准备。此时敌军的第4装甲旅紧紧贴住了德军主力侧翼，不过他们首轮包抄行动被德军逆袭成功。隆美尔在仔细分析了战场形势后，立即向最高统帅部递交了一份详细的报告。报告中，他指出德意军团当前极度缺乏武器装备，根本无法固守加扎拉地区，3天后，他们必须经过默基利沙漠地带，然后继续撤退。

12月14日深夜，隆美尔部的撤离行动全面开始。德国北非军团和意军摩托化军从沙漠出发，退往阿杰达比亚；意大利步兵则撤至昔兰尼加海岸附近。那一晚，德意军队是如此狼狈，官兵们都埋头走路，时而还要花费力气把陷入泥沙的坦克和卡车拖出来。天一亮，英军的战机就时不时投下几颗炸弹，给他们带来了极大的心理负担。

意军方面对隆美尔的撤退方案依旧是不依不饶，特意派了一位将军与隆美尔举行会谈。在首次会谈中，隆美尔无奈地表示，当前战备物资缺口太大，目前只能走一步算一步。对此，这位意大利将领也点头认可了。然而，仅仅过了几个小时，这位将军再次来到了隆美尔前线指挥部。这次，他还捎上了几位重量级人物——凯塞林元帅、巴斯蒂克总督和冈巴拉将军。四人一致要求隆美尔收回撤退命令，强调昔兰尼加对保障墨索里尼政权稳定具有关键作用。

隆美尔当然清楚,放弃昔兰尼加很可能会引发意大利国内的政治危机,但作为一名军人,他更多考虑的是战场的胜负因素。假如德意部队硬撑到底,必然只会落得玉石俱焚的下场,那么昔兰尼加和的黎波里塔尼亚最终还是会落入敌手。相反,如果暂时放弃昔兰尼加,撤退到艾季达比亚,那么就能集中兵力守住的黎波里塔尼亚。况且命令已执行了一半,再作变动实在不是明智之举。意大利人虽然言之凿凿,但当隆美尔要求他们拿出具体的作战方案时,他们就傻了眼,不得不悻悻地离开了。

12月25日,隆美尔如愿拿到了妻子寄来的圣诞礼物。外面的战争还在继续,隆美尔没有太多的时间来感受礼物带给他的温情。

就在这一天,德意联军占领了阿杰达比亚,并火速建立了临时据点,这是指挥部所没有想到的。阿杰达比亚是北非军团直达昔兰尼加的必经要道和最后一层防御网。英军方面虽然攻击的时机有一大把,但由于前方军队推进过快,后勤供给始终跟不上脚步,所以未能封锁德意军的退路。非摩托化的部队进入了阿杰达比亚临时据点,摩托化部队则守卫在艾季达比亚,成为主要防御力量。

考虑到艾季达比亚的防卫战线漏洞较大,德意部队已陷入疲乏和物资短缺的双重困境,隆美尔便事先向意大利统帅部备了案,表示有可能继续撤离到梅尔沙隘道。这意味着他们要放弃塞卢姆等几个重要要塞堡垒。意大利方面当然不情愿,但似乎没有更好的办法,只好顺应了前线的要求,一切听天由命罢了。

12月27日,英军第22装甲旅已经完成了全部的后备补给,处于整装待发状态。第2天，隆美尔趁着阵前的英军交接时出现了空档，先发制人，带领北非军团主力向第22装甲旅发起了突然袭击。战斗整整持续了三天，英军被迫采取后方迂回的作战方式，但还是不敌德军，一半以上的坦克都被摧毁。这给艾季达比亚的德国守军一个绝妙的喘息时机，他们选择撤离昔兰尼加，转移到梅尔沙隘道。

很快，新的一年来临了。隆美尔在探望将士之际，还不忘告诉他们，今后将是一段休整期。他将重新整顿和训练队伍，春天来临之时就是他们大举反攻之时。全军紧绷的神经终于稍微有了一丝松动。他们实在是太累了，加上长期水源不足，卫生条件恶劣，很多人都患了病。连隆美尔十分欣赏的克鲁威尔将军此时也得了黄疸病。

1月2日，根据先前的撤退令，意大利步兵最先撤离了阵地。10天后，他们顺利抵达了目的地，并做好了战斗准备。而另一边守卫塞卢姆防线的德军部队在英国陆空军的进攻下最终失败投降，交出了拜尔迪要塞。相比之下，哈尔法亚的守军更为坚强一些，他们力量虽弱，但却强撑到了1月17日才宣告投降。这支由戴乔吉斯将军率领的意大利军队展现了前所未有的意志力和战斗力。至此，三大撤离防线共有14000多人向盟军部队投降。

令隆美尔开心的是，柏林竟然派来了一支伞兵精锐部队，支援非洲的武器装备也正从海上运来。特别值得注意的是，希特勒特许德军开始使用禁用的反坦克武器，并对北非军团表示了赞赏，申明完全信任他们。

新年已至，最后的撤退也基本完成。这多亏了老天，连续两天的沙尘暴成为德军转移的有利屏障，后卫部队撤出了阿杰达比亚，德意联军终于完成了集结任务。这次的全面撤退使德意军队折损了近3万人，但隆美尔却放下心来，并积极谋划起生存方案。

1月4日，凯塞林元帅与隆美尔举行了一次短暂的会谈。元帅允诺，今后将加大对北非军团的物资供给，鼓励隆美尔及其北非军团再接再厉，争取在新的一年中取得辉煌的转折。1942年1月5日，9艘意大利商船顺利在的黎波里港口靠岸，给北非军团带来了大批坦克战车和飞机燃料。这一切令隆美尔热血沸腾，恨不得立马就向敌军发起反攻，夺回失去的领地。

事实上，夺取昔兰尼加的计划早已在隆美尔心中勾勒成形。接收到丰富的物资后，隆美尔反攻的决心更加坚定起来，每天都奔波于港口一线，督促驻守的军队做好随时随地都能发起突袭的准备。

此时北非的英军却不太顺利，一方面，他们面临后勤补给线过长，造成供给不足的问题，另一方面，他们还要将空军的一部分抽调到远东地区，使得非洲地区的空中力量显得尤为虚弱。

1月17日，隆美尔令自己的亲信到处散布德军即将继续撤退的假消息，次日又向克鲁威尔等少数几个高级军官透露了想要发动突然袭击的想法，但没有说出具体细节，害怕会走漏风声。随后，他又布置了一系列保密工作：禁止一切武器发出声响；禁止所有车辆在日间向盟军方向行驶；亲自开列了参与策划的指挥员名单。在这种情况下，直到战争真正爆发，连德意最高统帅部都不曾知晓。

进攻发起时间被定为1月21日上午8点30分。这次参与作战的德意部队共有100余辆战车坦克，80多辆军用摩托车。1月22日，德军顺利攻下了艾季达比亚，英军狼狈地逃走了。接着，北非军团顺势包围了英军第1装甲师的一部分，并很快就取得了胜利，击毁了对方100多辆装甲车和战车，俘获了众多的官兵。不过，他们还是没能歼灭全军，大批英军趁乱逃离了包围圈。

1月23日，卡瓦莱罗将军在凯塞林的陪同下来到了隆美尔的军团司令部，传达了墨索里尼的要求。但是隆美尔根本没把意大利人放在眼中，直接向他们表明，这次进攻将持续很久，除了希特勒，谁的命令他都不会听，因为一直以来德军才是战场的主力军。

27日晚，经过稍事整顿之后，隆美尔带着部下继续向目的地进发。临行前，忽然刮起了沙尘暴，接着又是一阵狂风暴雨，但德军没有因此退缩，而是坚持在野外行军一宿。

他们的辛苦总是会有一点回报的。28日下午，隆美尔率部向正在班加西公路上疾行的印度部队发起了突袭。公路两旁是深深的沟壑，印度军无处可逃，所以德军没花多大力气就击败了他们，夺走了上百辆的卡车，上千辆坦克，还包括卡车上准备运往班加西的大量武器炮弹。这下班加西的英国守军彻底慌了神，还没等德军攻来，就纷纷丢盔卸甲，不是逃跑就是投降。班加西再次回到德国人手中。

班加西之战的胜利很快在德国国内产生了巨大反响。柏林最高统帅部不敢相信，在经历了大撤退后，他们还能取得这样的战果。希特勒在获知消息的第二天，发表了新的演讲，大力赞扬了隆美尔，直接宣布他晋升为标准上将。以隆美尔的年纪来看，这绝对刷新了德国将军被授衔年龄的历史。没有什么比这个更能让隆美尔体会到战斗的乐趣了，他亲自给希特勒回复了信件，表明自己对国家，对希特勒本人的忠诚之心。胜利也鼓舞了军心，隆美尔再一次赢得了部下的无条件信任。

胜利让隆美尔把希特勒的告诫放在了一边，他不想只是让自己的军团牵制住英军，而是想再发动一次突击，夺回昔兰尼加，然后攻下托布鲁克，最后进入埃及。他再次挖出了旧时的计划，与当时北非战区的形势好转有很大关系。越来越多的增援部队和优秀指挥官被调至这里，之前缴获的战车终于又能重新派上用场。

2月2日，两个战斗群率先从正面攻入了昔兰尼加，并夺得了大片阵地。德意的摩托化部队没有出击，而是守卫在艾季达比亚附近。英军主力退至加扎拉—比尔哈基姆—托布鲁克一线，并修筑了坚固的防御工事。德意军则暂时按兵不动，专守默基利和昔兰尼加东部地区。冬季战役终于结束了。

工作行程结束后，他回了一趟家，看望妻子和儿子。但是他并没有停留太久，因为心里总是惦记着前线的战事，害怕不在的时候会再出什么差错。一个月后，隆美尔返回了前线指挥部。但是他发现，物资供应又开始渐渐困难起来。

原因很简单，一是德国最高统帅部更加重视东线与苏联的战斗，不愿在北非投入过多物资力量；二来意大利海上舰队过于弱小，无法抗击英国海空对德方运输通道的突袭。在隆美尔看来，近东可比苏联那块冰窖有用得多，蕴藏在地底的丰富资源能够远远满足当前所有德军部队的燃料需求。但现实是残酷的，最高统帅部以交通工具生产量不足，无法满足非洲战场的需要为理由，拒绝了增援的请求。

唯一让他感到安慰的是，在凯塞林的努力下，空军部队终于在地中海区域获得了主动权，从而保证了德军海上攻击线，德意联军从而可以进入全面的整补期。

与德国军事高层不同，英国方面非常重视非洲战场的局势，尽全力保证这里的军事补给。他们利用埃及的港口，运来了大批物资供应前线军队。再加上这里原先就是英国的殖民地，他们有不少原料工厂就建在这里，为装甲部队提供了充足的燃料储备。

为了发动即将到来的夏季攻势，隆美尔在4月份就对所有下属部队进行了重新整编。他希望能够尽量低调行事，防止英军提前得知他的军事计划，但又不知该从何处下手。最后，他决定放手一搏，把所有的坦克全部集中在昔兰尼加南部，实现对英军的侧翼围剿。这是一个大胆的决定，一旦失败，那么整个军团就可能被全部歼灭，之前的战果就付诸东流。

4月中旬的时候，隆美尔与意大利第21军指挥官碰了头。他向这位军官简要介绍了作战计划：首先德军会把英军主力引诱至加扎拉地区，然后意大利摩托化部队要趁机向南部进发，迂回到英军的侧翼和后方实行强力进攻；其次，德意联军还要联手阻止对手退入托布鲁克……当然，最后的总目标就是夺得托布鲁克。

与制定计划同时进行的，是严格的军事训练。初来沙漠作战的战士还有很多东西需要学习，比如如何利用战场上激起的灰尘作掩护向敌方阵地冲击。为了最大限度地壮大声势，隆美尔领导后勤修理连队将卡车伪装成坦克，专门用来蒙骗敌军。因为他总是和基层官兵待在一起，与大家的感情很深厚，所以大家都很乐意按照他的意思改造武器装备。

5月12日，隆美尔组织召开了进攻前最后一次全体作战会议。会上，他公布了详细的作战方案，和之前对意大利军长所说的基本一致。

英国的增援还在源源不断地输入进来，他们已经不能再等了。5月26日起，非洲战场再一次掀起了腥风血雨。下午2点，意大利步兵按计划向加扎拉地区展开了猛烈攻势。直到开战前，英国人还认为德军的坦克正聚集在那里。实际上，那只是隆美尔安排好的一枚烟幕弹。激战过后，意大利坦克营损耗殆尽，但它吸引英军的目的已经达到，德军的坦克部队已经顺利完成转移，前去攻击英军的侧翼部队了。

此时，隆美尔已经抵达了前线。晚8点半，在隆美尔的一声号令下，坦克浩浩荡荡地同时向南进发。凌晨3点左右，隆美尔他们抵达了德军前往托布鲁克的沙漠前哨。他们中途并没有受到任何拦截，说明迂回战术已经取得成效，英军还没有意识到德军主力在哪里。于是他们就停了下来，先是为战车补充了燃料，然后又调整战列，各师还进行了重新编组。

休整结束后，德军直接朝英军的后部防线冲去。英军作了顽强的反击，使得德军在几个小时内一直未有太大的进展。上午，第90轻装甲师攻占了阿代姆。而另一支北非战车部队则显得不太顺利，还在比尔艾哈马特东南面与英军第4装甲旅及印度军第3摩托化旅拼死搏杀。他们面对的是美国制造的"格兰特"坦克，火力非常强大。当时他们既没有炮兵掩护，又是仓促应战，所以伤亡很大。第15师推进时，也遭遇了英军坦克的阻击。不过，该师随后调出装甲营采取迂回攻击，终于击退了英军，打开了前行的道路。

战斗断断续续地打到了深夜，德意军队的最前锋已经纵深至艾克罗马南部 8 英里左右。不过，后方大批的物资卡车并没有跟上。此时隆美尔和各部指挥官暂时失去了联系，只能率部一直前进。在前往比尔艾哈马特的途中，隆美尔他们偶遇了一支英军炮兵连，并以突袭的方式击垮了这支队伍。

第一天的战斗还算有进展，但却没有达到预定目标：加扎拉防线背后依旧有大量英国驻军；海岸处的袭击并没有成功；英军第 15 师和第 8 军团还保持着联系……隆美尔不得不为此感到心烦意乱。德方战车已损耗了 1/3，而克勒曼指挥的两支部队还处于危机之中。英军不断出动摩托化小队向后方的后勤部队出击，试图截断德军前线的最后支撑。

让隆美尔感到宽心的是，李特奇将军正在把完整的英国军队拆散开来，实行分队战斗，这正中德军下怀。长久以来，英军的完全摩托化一直是北非德军的心头病。英军可以借助摩托迅速赶到任何一个阵地参战，是沙漠作战的一个很大优势。现在他们等于送给德国人一个实行各个击破策略的良机。

第二天天刚刚亮，英军战车就向隆美尔所在的指挥所开起炮来。炮弹在隆美尔周围不断爆炸，但始终未能击中他。被震碎玻璃的指挥车载着一帮德国军官，飞一般撤出了主阵地，前往意军的第 20 摩托化军处，与他们一同跟着北非军团向北面迂回。

第 90 轻装甲师受到英军战机空袭的侵扰，未能及时执行攻击任务，只能暂时隐蔽在比尔艾哈马特地区的某处。英军还集中火力在卡普佐周围，对那里的德军进行猛攻。

不好的消息接连传到隆美尔这里。第 15 装甲师因为缺乏弹药已经部分歇火了，而物资供给部队还不知身在何处。傍晚时分，隆美尔带人前往比尔艾哈马特附近的一座小山上进行侦察。在那里，他找到了一条可以供补给队伍运送物品的小路。

谨慎起见，他决定明日一早亲自率领供给队伍前往。由于掩护兵力有限，他自知凶多吉少，但却没有任何犹豫。幸运的是，第90轻装甲师终于摆脱了英军的追击，在深夜时分与隆美尔部会合。意军的阿里埃特师不久也抵达了指挥部。掩护后勤车队的部队最终有了着落。

29日一早，供给部队就出发赶往前线救急去了。当他们赶到战场时，北非军团正情况不妙，损失惨重。隆美尔他们的到来，无疑是雪中送炭，很快就解了围。随后，隆美尔的指挥部就设立在了那里。

经过通信兵的努力，北非军团各部的通讯网又逐渐恢复了。隆美尔这才对整个战场的情况有了充分的了解。

面对相对不利的战场形势，隆美尔修改了继续向北的作战计划，转向去疏通物资运输供给路线。当前情况下，给前线提供维持战斗力的装备物资比什么都重要。隆美尔考虑到德军一旦守卫在海岸公路旁，英军必定不敢再抽调出兵力去攻打加扎拉防线。所以，他让各部兵力采取守势，全部用来掩护第90轻装甲师等部向东的攻势。等进入加扎拉防线后，全军采取钳形攻势。

5月30日，德军各部开始按计划行事。意军很快就越过了英军布置的雷区，还在稍远一些的东部建立了桥头防御阵地。虽然途中意军遭遇了英军炮火威胁，但还是取得了很大进展，中午时顺利和主力部队联系上了。

这天午后，隆美尔前往意军第10军军部，与意军的凯塞林等人举行了会谈。他把拟好的作战计划告知了对方，即肃清加扎拉防线南端的英军，中途还要击溃乌里布的英军第150旅和比尔哈基姆的法军部队。该计划得到意军将领们的认可，隆美尔可以完全按照自己的构想去指挥队伍了。

德军的作战思路渐渐明晰起来，英军方面却陷入了混沌中。英军作战本身就稳扎稳打，决策方面显得比较保守，这给讲求速战速决的隆美尔留下了不少空隙。德意联军的忽退忽进让英军深感不安，不知如何应对，白白浪费了许多好时机。

31日，德军便开始向乌里布进发。此战中，英军顽强抵抗，令德军一时没有占到便宜。太阳下山时，德军才最终冲入了英军阵地。

6月1日，德军再次发起攻击。在斯图卡轰炸机的支援下，德军步兵对英军的坚固工事发起了连续性攻击。战斗中，英军的迫击炮弹炸伤了隆美尔身边的魏斯特伐中校，隆美尔眼睁睁看着得力助手被抬到了后方。到了下午，德军基本攻下了这块阵地，3000多名英国士兵宣告投降。

就在乌里布陷落前，英国的侦察军向德军东面和东南面防线发起了进攻，目的就是摧毁德军的指挥部，而隆美尔的另一位心腹高斯将军也在这次战斗中负了伤。一天内连续损失了两员大将令隆美尔倍感难受，但并没有动摇他继续进攻的决心——毕竟他们已经开始掌握战场主动权了。

解决了乌里布，德军下面的目标就是英法联军所在的比尔哈基姆要塞。该要塞是盟军重要的突击队根据地，一旦夺取，就能有效缓解交通路线的压力。从1日开始，第90轻装甲师和阿里埃特师就往此要塞移动，最终封锁了东面的出入口。在招降彻底行不通后，德意部队分别从两个方向对要塞进行了夹击。

要攻下要塞并非易事，除了英法联军的顽强防守，还因为法军防御工事设计非常精巧，很难在短时间内有所突破。为了突破雷区，直接抵达工事面前，德军工兵牺牲巨大，最终换取了一条通畅的道路。加上德国空军派出了十余架战机配合地面行动，所以德军渐渐占了上风。

德军指挥部经过讨论，认为英军不久之后可能会有大动作。为此，第15装甲师被调到比尔艾哈马特的南部，防止英军从东北或东南部攻进来。果不其然，6月5日清晨，英军果然打了过来，不过在意军阿里埃特师的密集火力下，英军的攻势慢慢减弱了下来。

随后，隆美尔于12和13日两天亲自指挥了两场坦克大战，使得英军大败，只剩下不到100辆坦克了。14日当天，英军再也顶不住德意军队的连续攻击，只能把残部撤出，彻底弃守加扎拉地区。

6月17日，第90装甲师顺利突破了之前久攻不下的艾哈坦防线。他们俘获了约500名印度军官兵，还获得了大批重要的战备物资。此外，艾都达等坚固的要塞也在这两天陆续被北非军团攻克。6月18日，德军将托布鲁克和坎布特之间的盟军部队彻底扫清，完成了对托布鲁克的完全包围。他们还发现了之前撤退时留下的武器装备堆栈，大大充实了后勤补给。

托布鲁克的前方已无任何可以遮挡的要塞，它好像是一块砧板上的肉，而德军正磨刀霍霍，只待时机成熟，就将它烧熟吞下。

6月18日，英军派出了大批战机向第21装甲师投掷炸弹，在隆美尔的催促下，装甲师加速前进。当队伍到达英军机场时，那里的守军早就撤离了，只剩下10来架战机留在原地。平白得了好几架飞机让隆美尔感到特别兴奋，知道英军大势已去。

天亮时，隆美尔终于下了停战令。同一时间，德军侦察营进入了维亚巴尔比亚，彻底封死了托布鲁克英军的退路。

19日中午，凯塞林元帅亲自下达了进攻令。随后，隆美尔带着一部分部队向埃及边境进发，想要借此迷惑对方，不让他们发现德军即将攻打托布鲁克的实情。太阳快落山时，隆美尔又带着两个装甲师悄悄回到了起点，让第90装甲师继续行动。

真正的全面进攻始于当日的晚间。就在前一天，隆美尔特意和空军指挥官进行了密切交流，最终确立了空袭地点和双方的互动信号。

战斗前的夜晚怎能让人安心入眠？全军上下处于绝对的兴奋之中，就等一声令下，就向前冲去。隆美尔凌晨4点就起身坐在了指挥车里，唯恐再出差池。

五点半，分布在各处的德意军队准时发出了进攻的炮火。六点整，德国空军也出动了，在英军阵地上投下了重磅炸弹。被炸碎的铁丝网碎片到处乱飞，现场一片混乱。轰炸完成后，步兵开始冲锋，英军的反击火力随即迎面扑来。8点左右，德军工兵完成了战壕架桥的工作，装甲部队开始出动。

隆美尔跟随着第15装甲师来到了最前线。英军的雷区已被突破，但不时有炮火砸落下来。此时不少德军坦克围堵在小小的突破口处，隆美尔让指挥官前去疏通，好让坦克继续往前冲。

9点时，德军的胜利已成定局。隆美尔忍不住让战地记者录下了他的即兴演讲，他激动地说道："我们整个民族的胜利是确定无疑的！"

6月21日,隆美尔或许永远不会忘记这一天。当他来到托布鲁克市区时,满目疮痍,到处都是建筑废墟,但他只把这看成是胜利的成绩。当他来到巴尔比亚大道时,看到了投降的英军第32战车旅。一些黑人俘虏丝毫没有战败的沮丧,而是开心地高喊着"战争结束了"的口号。

没过一会儿,隆美尔见到了南非第2步兵师师长克勒珀将军——他也是这里的司令官。当这位英国将军沮丧地宣布托布鲁克要塞投降的公告后,隆美尔迫不及待地给柏林拍了电报,通知他们托布鲁克被非洲军团占领了。

托布鲁克战役后,隆美尔在和意大利军官交谈

德国国内顿时陷入一片狂欢的氛围中，广播里不断重复播放着隆美尔部大获全胜的消息。而新闻纪录片也在最快时间内被编辑好，在影院反复播放。6月22日，远在托布鲁克的隆美尔从无线电里听到了擢升令——他成了陆军元帅。不过，这里还需要他收拾残局，直到9月他才在柏林拿到他的元帅权杖。

年仅50岁的他成为元帅，这是多么辉煌的荣耀！不过，隆美尔在给露西的信中，这么写道："我宁可他（希特勒）再给我一个师的兵力，而不想要这个空头衔。"

相关链接：

格兰特坦克

格兰特坦克，即美国研制的M3中型坦克，"二战"时期曾辉煌一时。"二战"刚开始时，美国只有M2坦克，火力较弱。1940年时，美国人在M2基础上制造出了M3。随着"二战"规模不断扩大，美国人看出了商机，所以M3很快就上了生产线。从1941年开始直到其最终退役，共有6000多辆M3中型坦克被生产出来。

与M2相比，M3格兰特的装甲更厚，加装了一门75毫米的榴弹炮。其车体较高，舱门被开在侧面。最大的特色是拥有两门主炮，除了加装的榴弹炮，还有炮塔上的37毫米加农炮，可以360度旋转扫射，所以火力相当强大。此外，M3坦克改进版很多，如M3A1、M3A2、M3A3等，这些改进车型和发动机型号各有差异,但底盘基本采用平衡悬挂装置。

南斯拉夫游击队员驾驶的 M3 坦克

M3 中型坦克在"二战"期间为盟军的胜利做出很大的贡献。不仅仅是美军,不少盟国军队也使用过它们。在北非战场上,英军凭借着 M3 中型坦克多次击败了隆美尔的北非军团。而英军使用的这部分 M3 坦克常常被称为"格兰特·李"。这是由美国南北战争时两个著名将领的名字组合而成。

在著名的阿拉曼战役中,美国的 M3 坦克成为德军坦克的最大克星。不过因为格兰特坦克的榴弹炮是装置在车体内的,不能在有效的掩蔽下开火,很容易成为对方炮击的目标,所以坦克损耗情况比较严重。

1942 年,美国的 M4 坦克正式投入北非战场,M3 坦克渐渐不再担任主战坦克，改去亚洲对付日本人了。在缅甸，它再次成为瞩目的焦点，利用其高大的身形和强大的火力，给日军以致命的打击。1944年3月，M3坦克还是退出了战场，开始以其他形式出现在训练场上。

　　1945年抗战胜利之后，M3又成为美国支援国民党政府的重要战备物资，后来被解放军缴获了不少。

强弩之末——生死相拼定乾坤

恶战过后，德国非洲军团损耗殆尽，好在有一些战利品暂时填补了物资上的空白。由于罗马方面曾作出允诺，只要非洲军团夺得托布鲁克和马特鲁港就会提供充足的战备物资，隆美尔便决定尽快向埃及境内进发，全力扩展战果。

当前正是英军第8军团最为虚弱之时，只有两个新编步兵师担当主力军。隆美尔认为，只要进行闪电突击，彻底断绝英军第8军团与即将调来的新队伍会合，那么德军下面进攻亚历山大港和苏伊士运河就没有什么可担心的了，几乎就可以一路畅通。对这样的作战方案，隆美尔显得很有信心。

不过，这个方案却招致了很多人的攻击。反对者主要考虑到一旦深入埃及境内，物资供应将很成问题。但隆美尔指出，只要意大利方能及时组织海上运输队伍，那么这一切都将不成问题。隆美尔之所以态度坚决，与当时的有利形势分不开。此时的德军部队距离亚历山大港只有160公里，开罗门户似乎近在眼前。英军一旦丢了开罗，那么整个"二战"的战局将发生翻天覆地的变化。丢掉开罗，等于丢掉整个中东。这不仅关系到殖民地利益，更直接关联到欧洲战场。如果土耳其屈于压力加入轴心国军事集团，那么苏联中部要害就会向德军敞开，后果可想而知。

所以，隆美尔铁了心要乘胜进军，不留任何空隙给英军重修防线。面对他人的质疑，他选择谋求最高统帅部的支持。在希特勒面前，他大力鼓吹德军正士气高昂，而英军正处于最低落时期，当然，少不了对进攻埃及重要性的分析。希特勒最终还是心动了，立即想办法去说服墨索里尼。在发往意大利的电报中，他称"胜利之神正向我们招手"。

墨索里尼很快给隆美尔发去了电报，同意让非洲军团向埃及进发。电报中明显流露出他对将英军赶出北非的期待感。

搞定最高统帅部后，隆美尔开始一心执行起自己的行动计划。6月24日，隆美尔和第90轻装甲师一同向目标地点进发。像在法国战场时一样，他一直要求部下快速前进，丝毫没有懈怠的机会。在行军途中，他们曾有燃料不足的情况发生，幸运的是，他们找到了一些英军撤退时留下的燃料，解了燃眉之急。

隆美尔他们最终来到了马特鲁港。在这里，德英双方都决定作一死战：一方是为了全歼敌军，扫平日后的进军障碍；一方是为了阻止敌军继续往前推进。

6月25日，奥钦列克接过了英军指挥权。在认真观察完双方对阵形势后，他决定先行突围，不给德军以全歼的机会，一旦人员和武器补充完毕，可以再作最后的较量。可以说，他完全点到了德军的战斗意图，拯救了这支英军队伍。

马特鲁港渐渐被德军包围了。德意联军在内林将军的指挥下，首先在比尔卡尔打和英军的装甲部队展开了一场遭遇战。英军使用了大量刚刚抵达埃及的美式坦克，对德意部队疯狂轰击。这场战斗一直持续到深夜，德意联军取得了最终胜利，而英军的 10 辆美式坦克都被炸毁了。由于武器弹药紧张，德意军队没有能够乘胜追击，不然这支英国队伍很可能面临被全歼的命运。与此同时，港口外的英军摩托化部队也遭受了一次全面袭击，无法赶来救援了。

为了阻止更多的敌军趁乱撤走，隆美尔把意大利的两个师调到了马特鲁港的南面。而其余的意军已经顺利攻占了港口要塞的西面和西南面区域。由于意军两个师的进军速度有限，新西兰弗利堡师借助夜色在南面实行突围行动。但是这支队伍很快被周围的德意部队发现，遭到了围攻。接着，是一片混战，隆美尔的指挥部都差点就被毁了。在黑暗中，双方竟然都发生了自己人打自己人的囧事。尽管德军奋力围堵，但还是有不少新西兰战车从东南方向的缺口处逃离了。其实，在沙漠这种开阔的战场上，要实现建立完美的包围圈的确并非易事。

混战后的第 2 天下午，第 90 轻装甲师、第 850 侦查团、意军第 20 军等部队又展开了新的攻击。24 小时后，德意部队攻下了要塞地区，俘获了 6000 多人，还获得了非常重要的战备物资。根据当时的数据，他们的战利品异常丰富，足足可以装备一个师。不过，令隆美尔遗憾的是，全歼计划依旧没能完成，新西兰师就这样溜走了。

至此，埃及西部沙漠的最后一个港口也落到了轴心国手上。还好英军将大多数步兵撤到阿拉曼防线之后，在那里他们可以成为充实的后备力量，为守住阿拉曼作最后一搏。隆美尔则希望在英军加固防御战线和新的部队接防前攻下阿拉曼，这样才能保证前行无阻。所以，大家还没来得及品尝胜利的喜悦，隆美尔就命令所有部队加速前进。

6月30日，隆美尔拿出了他准备用来突破阿拉曼防线的战斗方案。他想要继续采取佯攻的战术，将英军主力吸引到一边，然后夜袭阿拉曼车站西南部的防线。一旦突破成功，就立刻迂回到英军第13军后方。同时，第90装甲师应当直接迂回到阿拉曼防线的大后方，切断英军与海滨公路的联系，不给他们逃跑的机会。

7月1日凌晨2点左右，隆美尔从指挥部出发，前往前线观察战况。一路上，隆美尔看到英军炮兵不断向海滨公路发射炮弹，上空还有空军的掩护支援。一到达自己的部队，隆美尔就立刻要求炮兵反击，双方展开了激烈角逐。

第90装甲师那里传来消息，报告了自上午7点半之后，队伍就在英军猛烈的火力下止步于阿拉曼防线前。所以，他们转而往南走，待到合适的地点时，重整了队伍。然后，他们开始向海滨公路前进，试图将阿拉曼要塞团团围住，把那里的守军赶走。这一动作直接威胁到了阿拉曼守军，他们因此遭到了前所未有的强大弹雨。他们一边慢慢推进，一边向隆美尔处请求炮兵支援。此时的第90装甲师炮兵部队已经不堪重负了。

下午4点，内林将军发来了北非军的最新进展。报告中说，德尔艾夏据点的印度军被德军逼降了，他们一共捉住了2000名印度人，并炸毁、缴获了守卫军的 30 门大炮。傍晚时，隆美尔终于能够抽出队伍去帮助第 90 装甲师了。他亲率队伍向阿拉曼防线方向赶去，全然不顾一路上不断飞来的枪林弹雨。当敌军的火力过于猛烈的时候，他就让队伍暂时停一停，各找隐蔽点。中途，曾有一群英国战机朝着他们的隐蔽处飞来，但好在德国轰炸机紧随而来，避免了更大的损失。在德国空军的猛烈轰炸下，英军的火力逐渐弱了下来，隆美尔则趁机让指挥部的人员返回原地，仅留警卫部队守住原地。

晚上 9 点多时，隆美尔再次令第 90 装甲师向海滨公路前进，以便尽快找到一条直达亚历山大港的通道。不过英军已经察觉他们的企图，所以加强防线守卫，德军轻装甲师的二次进攻依然无果。不过，隆美尔当时还没有意识到这一点。当天深夜，德国空军司令告诉他，英国舰队驶离了亚历山大港。隆美尔凭此判断，英国人已丧失斗志，准备撤离了。他更加觉得应当加快进攻步伐，直至英国非洲军团完全崩溃。

德国非洲军团在 7 月 2 日的主要作战目标是，突破防线，直抵阿拉曼东部的海岸线，然后直接冲入要塞夺得最后胜利。战斗刚开始的时候，英军还节节南退，但越到后面越是顺手，反过来攻击了德军的南面侧翼。德军方面则派出第 15 装甲师与之应战。而另一边的德军第 21 装甲师在英军的火力封锁下，只能由攻变守。这样一来，非洲军团的攻势彻底被遏制住了。

连续几天的持续攻击令德军将士疲惫不堪，战场的形势非但没有变好，反而越来越糟。德军各师的兵力竟然只剩下 1000 多人，补给还非常不足。隆美尔不愿做这种赔本"买卖"，决定再发起最后一次总攻，如果还是徒劳而返,那就暂停这次计划。

7月3日中午,德军的最后一次进攻战开始了。和以往一样,还是开头的时候很顺利,但每推进一步,战斗就越艰苦,前进的步伐就越小,直至完全成为英军炮火的靶子,陷在原地,难以动弹。意军的阿里埃特师在去支援装甲团的途中,则被一支新西兰部队截了下来,最后全体官兵不是投降,就是逃散,队伍不复存在。

北非军团指挥部为此大受打击。这支意军在之前的战斗中一直表现不错,多次击退英军——这在意大利部队中算是非常不错的队伍了,而今被歼,使得德军南翼部分少了一份有力的掩护力量。如此一来,这次的进攻计划实际已宣告破产。隆美尔便开始安排各部尽快休整,为应对不久之后英军的反攻做好充分的准备。

7月4日,身单力薄的第21装甲师奉命撤出了前线。英军迅速展开猛烈的追击战,在德军的防线上拉开了一个大口子,一直追到了艾打巴附近。其他的德军队伍只能坐守旁观——他们已经没有炮弹来支援别人了。最后,唯一一个还有点作战实力的连队站了出来,把仅剩的弹药全部用尽后,英军才暂时停止了进攻。面对此情此景,隆美尔又用上了佯装战术,利用了一些假战车和假大炮来糊弄对方,致使对方不敢再发动进攻。

之后的整补工作也不顺利,因为非洲航线的物资船原本就不多,还需绕行到班加西和的黎波里的港口。不仅运送周期长,最终能够到达德军前线的武器和食物还少得可怜。还好,英军也正处于整补期,只是偶尔在一些局部地域进行小规模突袭,这让德军战斗力能够慢慢恢复过来。意大利步兵也趁此时完成了与德国摩托化部队的换防任务。

7月8日,隆美尔对全军的人员和武器装备情况作了彻底的清查。情况实在是糟糕得很:德军方面的第15和第21装甲师一共才有50辆坦克,20多门反坦克炮及700人不到的士兵队伍,第90装甲师还剩15辆轻型坦克和1500多人;意军方面第20摩托军还不到60辆坦克。这样的装备远远低于正常标准,各部很难称得上是一个"师"了。

虽然在战备供给上出了很大问题,但隆美尔并没有忘记制定新的进攻计划。根据之前在阿拉曼战线上的几次战斗,隆美尔决定向较弱的新西兰军下手,占领新军的阵地,作为他们下一步进攻的"堡垒"。

第21装甲师的侦察部队在7月8日夜间悄悄潜入了新西兰军的防守区域。次日上午,第21装甲师等3支队伍直接扑向防线的南端,并成功渗透进防线内。新西兰人被击败后,第21装甲师就占领了的夸里特艾阿布德地区。此处占据着极佳的地理位置,工事也很牢固,还留有不少新西兰人没来得及带走的武器弹药。隆美尔当即将自己的指挥部搬到了这里,并计划以此为据点,继续攻击阿拉曼防线。

7月10日凌晨5点,炮声将隆美尔他们从睡梦中惊醒了。等到隆美尔掌握情况时,形势已经非常严峻了。意军的沙布拉沙师已被击溃,但澳军还依旧在追击,直接威胁到德军的前沿阵线。隆美尔没有丝毫迟疑,迅速带着部队冲入了战场。不过,之前构想的攻击计划又泡汤了。因为德军南面的兵力实在弱小,不可能完成东进的任务。

海滨公路旁的战斗愈演愈烈,沙布拉沙师基本被歼,残部则纷纷丢下武器往沙漠逃去了。隆美尔带来的战斗团将机枪和高射炮合在一处,外加后来赶到的部分支援队伍，建立了一道临时防线，这才勉勉强强地阻挡了英军的攻势。

7月11日，英军对海滨公路展开了新一轮进攻。此番进攻更为猛烈，陆空军一起上，把意军特里埃斯特师打得一败涂地。为了缓解此处危机，德军把南面防线的兵力抽调于此，英军的攻势才渐渐转弱。英军的这次突袭成效显著，不仅击溃了意军两个师的主力，还占领不少重要的地区。一时间，德军只能放弃新的进攻计划，但防守任务却越来越艰巨了，因为原本属于意大利军的防守战线还需要德军补充上去。

为了重整士气，消除英军对南面阵地的威胁，7月13日，第21装甲师再次对阿拉曼防线发起冲击。这次战斗中，隆美尔把所有的大炮和飞机都投入了进去，希望能够一击成功，攻下要塞。然而，一直到下午5点，德军仍然没有新的进展。所有的官兵陷入一种疲惫而沮丧的状态，空军一度停止了战斗。这让隆美尔感到非常愤怒，到处大喊大叫，却始终没能解决问题。第2天的进攻依然是这样的状态。第21师接到了收复据点的任务，但步兵没能好好利用陆空的掩护作用，一直止步不前。很快进攻又陷入了停滞状态。

7月14日，英军第1装甲师向意军的第10军发起了主动攻击。英军进展神速，很快就突破了意军防线，来到了德军的坦克阵地。一番激战过后，英军暂时停止了攻势。第二日清晨，英军占领了鲁维沙特山脊。随后，英军分为二支，一支继续西进，一支则迂回到意军两个师的后方。意军的战斗力实在是不敢恭维，英军没花多少时间就击溃了他们，只有很少的人成功突围，其余全部举手投降了。

不仅如此，德军在德尔艾夏的防线也被突破了，高射炮阵地被夺取，武器全被对方缴获了。这对原本就缺枪少粮的德军来说，的确是一个巨大打击。好在剩余的德军拼死守卫，那里的要塞才勉强得以保住。后来，隆美尔还将第21装甲师调到此处帮忙防御。下午的时候，德军发起反攻，但效果甚微，直到天黑时才赢得了战斗。

经过几番激战，可以看出，英军改变了之前的战斗方案，转向先对付意大利人，再围攻德国人。长久以来，德国北非军团的供给环节始终存在不通不畅的问题，随着意军被剿，德军的物资供给问题愈发严重起来。这直接导致隆美尔部无法发动全面反攻，只能眼睁睁看着英军夺回战场主动权，自己慢慢由攻转守。

7月16日，凯塞林元帅等人来到了隆美尔的指挥部。隆美尔直接向他们提出关于物资补给跟不上的质疑，然而意大利人却坚持是隆美尔指挥失误才造成当前的不利战局。脾气倔强的隆美尔忍不住和对方大吵起来，指责意大利方在物资供给方面无作为。他还就此作出警告，如果意大利方再不提供物资，那么北非的战争定会走向失败。

意军代表最终作出了让步，许诺将用驳船把必备物资运送到前线，并尽快修复炸毁的铁路通道，还会增派部队支援作战。隆美尔并没有因此感到开心。因为意大利人说了太多的"甜言蜜语"，却没有几件完成的。而来增援的部队，肯定不会比以往的那些意军更强一点。

7月17日，指挥部收到了紧急电文。文中告知澳洲部队已经再次从阿拉曼出发，正向西南方进发。不久，噩耗再次传来。澳洲军夺去了意军两个师的防区，并迅速向南进发，试图吞噬德军的所有防线。

德军原本计划再次发动反攻，去收复意军丢失的阵地。但是集中起来的德军部队必须赶到意军失守的地方，去填补被冲破的缺口。在经过一番紧急行动后,新的防线被建立起来,澳洲军被挡了下来。随后,在德军的反击下,澳洲军又吐出了之前吞掉的阵地。

之后的几天,双方都表现出极度的冷静,没有新的战事发生。但隆美尔心里很清楚,这不过是暴风雨前的宁静罢了。他们已经得到情报,英军在19至20日完成了主力集结,新一轮的全面进攻随时都会开始。

不出所料,英军在7月21日夜间发动了首轮攻击。他们采用人海战术对第15装甲师开展疲劳攻击策略,一度打开了防线缺口。不过,德军很快就补上了缺口,打退了英军的突袭。德军的防线因为意军的大量损耗还在不断缩减,只剩下德尔艾夏和夸里特艾阿布德两个比较坚固的据点了。

1942年7月,在阿拉曼附近,一名英国远征军俘获了德国第3装甲师一辆被击伤的坦克

第二天上午，英军发动了主力进攻。参与此番战斗的盟军部队包括新西兰第 2 师、印度第 5 师、英军第 1 装甲师和第 23 坦克旅。人多势众的盟军部队很快占了上风，搞定了雷区，冲破了德军步兵阵地，不停地往德军战线后方前进。突破德军防线的英国坦克团对北非军团构成了巨大威胁。第 21 装甲师的新师长布鲁尔上校临危受命，一方面拦住逃走的意大利步兵，让他们重回战场，另一方面亲率第 5 坦克团袭击英军侧翼，最终将英军赶出了阵地。

战备物资极度短缺的德军在坚韧的意志支撑下，又一次挡住了盟军部队的大反攻。这一战英军损失了 140 辆坦克，另有 1000 多人被德军俘获。但是北非军团所付出的代价也很巨大。受到挫折的英军此后只进行了几次小规模进攻，不过都以失败告终。奥钦列克认识到，打败隆美尔的北非军团非一日之事，必须等更多的兵源和装备到来，待到时机成熟之时再发动全面总攻。

非洲战场的紧张局面暂时得到缓和。隆美尔抽空看了妻子写给他的信，信中提到，英军将派出一位名叫蒙哥马利的将军去接管非洲第 8 集团军，英国方面鼓吹他将成为"沙漠之狐"的克星。

隆美尔对此没有流露出丝毫忧虑，反而更加关心信中所附的孩子成绩单。希特勒此时反而急躁起来，担心北非军团一旦失败，盟国部队就会进入巴尔干半岛，这将给轴心国带来灭顶之灾。隆美尔请求物资援助的报告终于有了回应，大批兵力和武器弹药被运到了非洲战场。截止到 1942 年 7 月底，德军的新建第 164 轻装甲师和上万名新兵源已踏上非洲土地。随后，空军的第1伞兵旅也来到了这里。如此一来，德军的实力又慢慢赶了上来。

意大利人战斗力不强，运输物资拖拖拉拉，还总喜欢对隆美尔的指挥方案指手画脚。这段时间以来，德军连续被追击，显得十分狼狈，意大利军方人员一边对德国人的失利冷嘲热讽，一边信誓旦旦地宣称自己的部队不会弃阵逃跑。对此，隆美尔只是冷眼旁观，不发一言。不过，他很快就宣布了一条新军规：每一名官兵必须死守阵地，任何放弃阵地者皆以临阵脱逃论罪。他虽未说明，但大家也都心知肚明，这是针对意大利军的。

对于意军的糟糕表现，他曾向柏林提及，并表示他不需要脆弱的意军，那反而会拖累他们，他需要的是强大的德国士兵和武器装备。虽然德国本土的兵员和武器已经陆续到来，但还是无法达到隆美尔要求的数量。之前的很多老将士陆续因为热带病的侵袭被迫转移到国内，这对隆美尔而言又是另一程度上的损失。

德国方面或许能够提供充足的兵力和武器，但长期的燃料、食物供应等还必须依靠意大利人。而现实是，8月才刚刚冒头，隆美尔他们收到的物资就只够维持基本消耗，增强实力什么的，只能算是一种幻想了。意大利国内堆着不少准备调来的卡车和大炮，但也只限于"准备"，不知何时能到。德国那边的战车则由于远途运输等种种原因一时难以拿到手。

总之，这个本该大力补充战备物资的8月对德军来说已经荒废了。

1942年8月12日，英国蒙哥马利将军抵达非洲，正式执掌了第8集团军的指挥权。他所掌控的是一支装备精良且后备充足的现代化军事队伍。此外，英军的第10军正在组建中，不久也将到达这里，9月初预计还有300辆谢尔曼坦克将从美国出发直运而来。所以说，盟军在非洲战场取得胜利，原本就是理所应当的事情。

美式谢尔曼型坦克

8月底，一直为物资供给所烦恼的隆美尔终于决定再次出击。对德军来说，这算是最后的决战。他们的坦克数量连英军的一半都不到，燃料更是少得可怜，但是如果再不出手，后面的情况将会更糟。

英军通过破译技术取得了北非军团将要发起进攻的情报。奥钦列克将军一再强调，第8集团军应当以退为主，尽全力保住当前优势。蒙哥马利对此却不认同，觉得当前德军正处于不利的地位，英军方面应当乘势反攻，不让对方有任何再行反攻的机会。

8月30日晚，德意联军开始向英军阿拉曼南端进发。没有任何人意识到，这里是英国人所设置的精密陷阱。德军闯入了一片密集的雷区。正当德国工兵认真排查雷区时，一颗照明弹升上天空，所有德意部队的位置被照得清清楚楚。埋伏在黑暗处的英军迅速用重火力机枪和火炮扫射雷区内的德意部队。在密集的雷区内，德意联军手忙脚乱，不知是躲避地雷好，还是躲避扫射来的子弹好。

炮声、炸弹声充斥着这块阵地，北非军团遭受到自开战以来的最大冲击。第21装甲师师长俾斯麦将军阵亡了，非洲军军长内林也身受重伤。只有参谋长拜尔林顺利克服了雷区障碍，并继续往东前进。隆美尔与拜尔林商议后，决定继续进攻。德军负责攻击第132号高地，意军则负责攻击阿兰包特—阿兰哈法一线。

坏消息真是接二连三。德国空军很快向隆美尔发来报告，告诉他们要进攻的山脊英军设有坚固的防御工事，守卫的是刚从大不列颠调来的第44步兵师。阿兰哈法山脊是沙拉曼战线的重要门户，隆美尔已经没有退路，只能转而向空军请求援助，在空中对英国守军予以遏制。

下午1点左右，北非军团发动了攻势。另一边蒙哥马利调集的400多辆坦克正往此处开进。午后，突然来了一场沙尘暴，英军的空投攻势一下被阻挡住了，德军的推进也受到了极大影响。一直到夜间，风暴才停了下来。英军的战机依靠照明弹摸清了德军人员和战备的情况，不断由空中投下炸弹，德军一时寸步难行，便停止了攻势。

意军运输物资的队伍受到英军陆空的双重袭击，德军所盼望的物资援助陷入了遥遥无期的状态。9月1日起，德军前线部队燃料全面告急，隆美尔只好取消了一些重大的军事行动。同一天，北非军团第15装甲师对山脊发动了最后一次进攻，在顺利消灭英军有生力量后，他们预备迂回到东面，来个瓮中抓鳖,迫使英军弃守投降。关键时刻,燃料和弹药却用尽了,只能停在半途中。

9月2日,英国空军对德国陆军部队连续实施轰炸,这直接迫使隆美尔下达了停止进攻并后撤的命令。凯塞林元帅得知消息后,立马与隆美尔取得了联系。他告诫隆美尔,这样的撤退方案会严重破坏柏林方面的战略部署。隆美尔未做反驳,只向凯塞林描述了当前英德双方的差距。

然而,想要撤退也是不容易的。白天行动过于明显,可能成为英军轰炸机的目标,他们只能等到晚上再大规模撤退。幸运的是,蒙哥马利没有让英军对德意部队展开全面反攻,只是不断地进行小规模侵扰,尽力阻止其顺利撤退而已。英军方面,不少人对蒙哥马利的"不作为"深感不满,认为当前的状况无疑是"放虎归山",实在是愚蠢极了。蒙哥马利却辩称,此时英国部队的战斗水平和装备配置还不足以彻底剿灭北非军团,不如静观其变,待到一切准备就绪,再使出全力,将其一网打尽。

在开罗的庆功会上,蒙哥马利曾当众宣称,自己将亲手终结"沙漠之狐"不可战胜的神话。此时的隆美尔还没有意识到,这次失败将是沙漠之战的转折点,也启动了他悲惨结局的开关。

德军终于撤到了之前的原点,正式进入防御阶段。隆美尔明白,能够守住北非的希望是越来越渺茫了。自失败以来,隆美尔就一直承受着舆论和内心的双重压力。他的病痛一下子发作起来,只好向最高统帅部提出了回国疗养的请求,最终获得了许可。

另一边因胜利而身价倍增的蒙哥马利依旧保持着冷静。虽然丘吉尔多次让蒙哥马利对德军发起进攻,为盟军在北非登陆打下良好基础,但他始终不为所动，坚持自己的作战计划。英国现在在非洲战场只能依靠蒙哥马利，所以国内高层对他的坚持也没有任何办法。

9月下旬，隆美尔与施登姆将军完成了指挥权的交接，随即赶往国内疗伤。交接时，隆美尔一再交代，蒙哥马利的下一步很可能直接从正面进攻，因此必须做好相应的防御工作。他还表示，一旦战斗开始，他会想方设法尽快赶来。施登姆内心很是不爽，认为隆美尔大大看轻了自己的指挥能力。

隆美尔在回国途中，又去了一趟意大利。在那里，他和意大利最高指挥部的成员举行了一次会谈。谈话中，他恳切地谈到当前非洲军团所面临的困境，希望意军今后的后勤工作能够有所改观，否则非洲将难以守住。面对这位曾为他们浴血奋战，而今病态十足的元帅，意大利人实在不好意思再多说什么。他们再次允诺将为北非军团修复毁坏的铁路和公路。但是，意大利人再次失信了。不论是公路，还是铁路，直到"二战"结束也没能修复。

隆美尔还拜会了墨索里尼。面对隆美尔提出的后勤支援要求，这位意大利最高领袖竟然在内心默默地鄙视起隆美尔，认为对方是为自己的失误作辩解。而最好的证据无疑是这位德国元帅正因沉重的外界压力而病倒。不过，这位厚颜无耻的独裁者表面上还是同意了隆美尔的补给要求——依旧是空头支票。隆美尔当然不会知道未来的事情，意大利的短暂停留让他心里多少好受了一些，也相信以后会慢慢好起来。

回到柏林的隆美尔陷入了新的忧愁之中。德国国内正陷入一片盲目乐观的氛围里，最高统帅部的高级军官们肆无忌惮地嘲笑着"粗鲁而愚笨"的美国人，对隆美尔所描述的先进现代化武器嗤之以鼻。

隆美尔的焦虑症状越来越严重，表现在他的脾气已经恶劣到让人无法忍受的地步。之后，他在戈培尔家中疗养了一段时间，慢慢又恢复成那个性格严肃却又不失幽默的隆美尔。在戈培尔家的餐桌上，他有时会谈起在北非的战争生活。他喜欢讽刺那些表面做派十足，但一遇战争便畏首畏尾的意大利军官；他也喜欢讲述那些惊险刺激的战斗故事，让人们感受到前线战士身陷绝境的绝望。戈培尔也抽空给隆美尔看了几部他为北非军团拍摄的电影纪录片。之前的胜利场景又再次展现在眼前，这让隆美尔再次鼓起了战斗的勇气。

9月30日，隆美尔见到了希特勒。希特勒照例对隆美尔及前线官兵表达了自己的"关怀"与"赞赏"。他告诉隆美尔，美苏英三国的军事生产水平哪怕加在一起，也是无法与德国匹敌的。他甚至向隆美尔保证，今后将会为非洲战场提供几个多管火箭炮旅和最新的虎式坦克，这些将成为震慑英国人的最佳法宝。隆美尔对此将信将疑，但内心深处还是多了几分希望。

10月3日，在参加完记者招待会后，隆美尔离开了柏林，赶去治疗他的黄疸病了。

相关链接：

1. "谢尔曼"坦克

谢尔曼坦克，即美产 M4 中型坦克。"谢尔曼"之名是英国人取自美国南北战争时期的谢尔曼将军。和 M3 一样，它的不同型号在各方面都有差异，只不过差异的部分更多罢了。

谢尔曼有较好的行军技能，不论在何种道路上都能保持较快的速度。在北非战场，它的橡胶履带能很好地适应沙漠地带的环境；在意大利山地地区，它能走许多德国坦克不能走的路。不过，前期的 M4 装配的是窄型履带，在雪地和烂泥地里的防滑能力不足，之后改装了较宽的 VVSS 履带，即新型的 M4A3E2。到 M4A3E8 时，开始采用水平螺旋弹簧悬挂系统和 23 英寸的宽型履带。

谢尔曼坦克的一些缺陷则与 M2 有些类似，就是个头过大，不太好隐蔽。除此之外，它一旦被击中燃烧就很容易发生爆炸。

它是"二战"中生产量最多的坦克，总数接近 5 万辆，不仅为美国军队服务，还被不少同盟国引进过。其第一次走上战场是 1942 年的阿拉曼战役。在这场战役中，M4 和 M4A1 发挥了巨大作用，并渐渐取代了 M3 坦克的地位。1944 年以后，美国陆军开始较多使用引擎更为强大的 M4A3。欧洲大陆的争夺战中，美国陆军为绝大多数谢尔曼坦克装置了 M1 炮。

在太平洋战区，美国海军陆战队主要使用 M4A2。他们为坦克加装了木板，专门用来防御日本的磁铁炸药。其实，日本方面并没有可以与谢尔曼坦克正面抗衡的装甲战车，往往需要借助人肉炸弹来达到摧毁战车的目的。所以，对日本人来说，谢尔曼坦克的确是他们的心腹大患。此外，中国国民政府的印度远征军也接收了一些 M4A2 和 M4A4，用来作为火力支援的武器，曾在贵街之战中击溃大量日军坦克。有意思的是，中方部队为 M4A4 增加了颇具特色的图案，如炮塔上涂上了猫眼和猫胡须。苏军则使用了不少 M4A2，因为他们更喜欢柴油引擎，这与他们的自制坦克 T-34 是一样的。不过谢尔曼战车能够有效抵御外部火灾的影响，比 T-34 性能更加稳定。

"二战"结束后，美国只留下了谢尔曼系列的 M4A3E8，其余一概出售或丢弃。

2.虎式坦克

虎式坦克，即第二次世界大战期间德国制造的重型坦克，是战争时期著名的坦克型号之一。

德国对重型坦克的研究早在 20 世纪 30 年代末就已开始，但因为战争还未正式开始，没有对重型坦克的需求，所以生产计划一直处于停滞状态，直至德国东线和北非战争打响。

虎型坦克的最大特色是配置了 88 毫米的火炮，这使它成为"二战"期间火力强劲且杀伤效率最高的坦克之一。除了 88 毫米主炮，它还配置了 2 挺 7.92 毫米机枪。其中虎 I 的正面装甲厚度达到 100 毫米，侧面也达到了 80 毫米。整体重量前期约 56 吨，后期改造后达到了 57 吨。而增加的重量来自更厚的装甲和更大口径的火炮。

"二战"初期，虎式坦克击毁了无数的盟军装备，几乎是战无不克的利器。不过因为造价昂贵，制造周期长，所以它的生产数量并不多。而在"二战"后期，盟军方面推出了一些可以对付它的坦克，如苏联的 IS-2 重型坦克，虎式坦克渐渐被新的虎王坦克所取代。

最后一搏——黯然离别伤心地

1942年10月23日,第二次阿拉曼会战爆发。从会战开始,北非军团将士就陷入了此战必败的悲观情绪里。

从当时对战双方的战斗实力来看,确实不能怪德军士气低落。德意联军的战车总共有500辆,英军则达到了1000辆以上;德意现存的大炮大多都是意大利的陈货,适合旧炮的弹药很有限;英国人牢牢掌控着地中海的制空权,德军海上交通系统已全线瘫痪。

23日晚9点40分,德军在毫无防备的情况下,整个前线被全面突袭。蒙哥马利集中了各师的炮兵和15个重炮团,使用了1200门大炮发起了这场首攻。混战中,意军的第62步兵团不战自退,英军很快就越过了他们的阵地,和德军第164步兵师的部分营队战斗起来。由于英军的火力过于强大,德军的两个营最后还是被歼灭了。

等到天亮之后，德军司令部对前线战场的形势还是不太明了，施登姆将军便带着一位中校往第90轻装甲师部赶去。魏斯特伐曾劝他和隆美尔一样，带着护卫军和通信车，一旦发生险情或许可以救急，但被施登姆拒绝了。这时，英军又开始了第二轮火炮轰击，之后便由步兵往前推进，一直到德军主阵地前，才彻底被拦截住。

此时，隆美尔还没有结束他的疗养生活，还有充足的休息时间。当柏林的电话打给隆美尔时，这位元帅正在午睡。在被电话铃声吵醒的那一刻，他心里早就猜到是北非战场出了大事。电话里将前一晚的情况大致介绍了一遍，还告诉隆美尔，接任他的施登姆失踪了。电话那头的凯特尔元帅还试探性地询问隆美尔，如果身体状况允许，是否愿意再次领导北非军团。隆美尔沉思了片刻，当即回复愿意听候调遣，为国效命。

当前非洲战场的形势已经到了几乎无法挽回的局面，可隆美尔还是不愿放弃这片土地。他的很多下属还留在那里，北非军团还处于水深火热之中，他想担起这副担子，尽力去挽救他们。虽然隆美尔这边是热血沸腾，但希特勒那里还在犹豫不决。相比于北非，希特勒更看重欧洲的东线战场。他暗自考虑，如果可以不派隆美尔去北非就尽量不派，最好是把苏联人留给隆美尔。

然而形势不等人，北非的恶劣局势还是把希特勒的如意算盘给打破了。隆美尔接到命令后，立刻打包收拾，搭乘专机前往非洲战场。10月25日黄昏时分，隆美尔终于抵达了他的前线司令部。代理参谋长魏斯特伐向他报告了最新战况以及施登姆的死讯。他们已经没有时间来缅怀死者了。隆美尔当即就进入了状态，和几位将领讨论起下一步的行动。

经过分析和商议，德军方面决定首要任务是把英军逐出主阵地，然后想方设法恢复之前的阵地规模。

英国人没有留给德军任何一个可以喘息的机会。就在当晚，英军又一次出动，对德军防线发起炮击。在震耳欲聋的炮声中，司令部根本无人能安然入睡。天还没亮，隆美尔就到了指挥车上，接收最新的前线战报。原来昨晚英军突击了一宿，攻下了第28号高地。他们准备以高地为据点，在那里集结重兵，于次日接着推进，扩展雷区西面的一块阵地。德军装甲师已迅速赶往支援，以求能够夺回高地。

在德意联军拼死反攻下，英军损失不小。虽然意军的一个营最终夺回了一部分地区，但总的来说，高地的主体部分还是被英军守住了，这也成为日后德军作战的大患。

隆美尔为了增加胜算，还联系了空军部队，要求他们出动轰炸机阻止英军的集结行动。不幸的是，德国空军已经没有足够的战斗机来护航了，因而轰炸机只能冒着被英国战斗机击毁的危险去出战。隆美尔还没来得及高兴，60多架英国战斗机突然冒了出来，对着德军仅剩的几架护航飞机一阵狂攻。意军的轰炸机一弹未投，便急忙飞走了；德军轰炸机则趁乱将炸弹随意地扔到英军的队伍里，却立即成为高射炮和英国战机的攻击对象，一架架被击落下来。

令隆美尔更为绝望的事情还在后头。根据最新情报，他们的物资供应轮船在托布鲁克港外不远处被英军的轰炸机击沉了。船上的燃料是为了装备非洲军团的装甲部队而运来的。有了这些物资，他们才能对北部的英军实施反攻，尽可能扭转战局。这下子，进攻计划又要放弃了。

当前之际，隆美尔只希望能够守住防线，而不求什么主动进攻了。战备物资已经到了极端困乏的阶段了，隆美尔只能尽力缩短防线，节省燃料。隆美尔根据眼前的战局，觉得英军将会主攻防线的北段，于是便把南面的装甲军和一半炮兵调到北面去。

隆美尔的赌注还是押对了。10月26日夜间，英军果然对防线北段发起了陆空进攻。为了加快推进速度，他们在黑夜里用起了烟幕弹，由此来灵活调整进攻方向。这种打法是英军最新训练的成果之一。不过，德意联军借助坦克作掩护，很快便将英军逼回了原点。

到了第2天，英军开始充分利用起第28号高地，向德军的西南防线发起猛攻，试图打开一个突破口。连续的空中轰炸给这里的德意守军造成了不小压力，隆美尔见状，立刻令部分装甲师前去援助，尽可能重获高地。德军轰炸机也出动了不少，专门配合地面队伍，在第28高地投了不少炸弹。而英军为了守住这个战斗基地，也非常拼命，还不断派遣新的增援队伍前来。

英军凶猛的攻势并没有让蒙哥马利感到舒心，因为之前精心策划的全面进攻遭到了不少挫折。隆美尔在北部及时集中机械化部队的举动让这次的北攻计划基本以失败告终。山穷水尽的德意部队非但没有投降告饶，反而越战越勇，差点让他们夺回了第28号高地。而且当前的英军伤亡率实在是太高了，1万人才换来一个高地，实在是让他难以启齿。

更让蒙哥马利坐立难安的是军心的浮动,他的下属们纷纷在背后说他不如隆美尔。之前的胜利光环已渐渐褪去,国内对他的质疑声更是一波接一波,就连对他倍加欣赏的丘吉尔也开始质疑起他的能力来。然而,蒙哥马利并没有因此一蹶不振,而是加快了进攻步伐。他吸取了先前的教训,开始着手分析北非军团的薄弱点,希望借此作为进攻的突破口。

此时的隆美尔并没有因为防线没被攻破而兴奋,因为他知道新的攻势肯定很快到来。他将德军部队和仅剩的重型装备都转移到了北部防线区域,而把南面留给了意大利步兵。

28 日,又是一个不眠之夜。英军率先向 28 号高地的西边进行了密集轰炸,随后在北部地区展开火力突击。负责北面突击的是澳大利亚第 9 师,他们将要突破到海边,沿着那里的公路向非洲军团的防线直接插入。当把德军北部的侧翼击溃后,非洲军团的装甲部队也就被彻底围住了。隆美尔已经把重兵和重型武器调到了北部防线,意军则在南面,根本救不了急,这也就成为消灭隆美尔军团的大好时机。不过,澳洲军的推进行动没有预想的那么顺利。他们遭到德军第 125 团第 2 营的激烈反抗,一时间没有多大进展。

隆美尔对澳洲军的这次行动感到非常震惊,一下子意识到英军的真正目的。在德军的顽强反击下,澳洲军基本上被拦在了原地。蒙哥马利见防线北段已成为德军的重点防御区,便立刻调整了战略。他一面让澳军维持在北段的攻势,吸引北非军团的主力军,一面将英军的主力调动到意军负责的防线处,准备在薄弱的地方先开个口子。

北非军团这里噩耗接二连三地传来。一艘满载燃料的巨型油轮再次在托布鲁克港外被英军的鱼雷击沉。得知消息的隆美尔几乎要崩溃了，这可是北非军团反攻乃至守住非洲战场的最后一根稻草！这位许久都未能好好休息的元帅当场对意大利军事代表发了飙，指责意大利只顾防守自己的本土，不愿将先进的军舰派出护航，最终让北非军团陷入绝境。隆美尔在10月29日的信件中写道：在夜里，我躺在床上，两眼睁得大大的，根本就无法入睡。因为我的责任实在是太大了……我实在找不到一个可以逃出危险的办法……

　　意大利当局终于意识到情况是多么的紧急了，这才开始把军舰、飞机等一起调到非洲去。但是这一切似乎都已经太迟了。隆美尔正在考虑，如果无法遏制英军的攻势，不如主动撤出阿拉曼，保存有生力量，好待日后再战。

　　10月30日，澳军的第9师进攻失败，反被俘虏了200多人，损失了几十辆坦克。但这并未能打消隆美尔准备撤退的意图。又是在一个夜晚，蒙哥马利计划的全面攻击开始了。英军的火炮和轰炸机向非洲军团的装甲部队防线连续轰炸了3个小时，兵力则全部集中在防线最薄弱的德意部队结合处。

　　为了达到冲进防线的效果，蒙哥马利决定实行人海战术，一旦前方部队攻不下，后方部队就顶上去，一直到作战目标实现为止。

　　第30军在背后火力的积极配合下，最终突破了德意联军联手守护的防线，并开始向德意部队的后方挺进。天亮的时候，隆美尔收到了这一消息。他感到惴惴不安，想到英军肯定是想切断他们最后的补给路线，然后包围他们，来个彻底歼灭。事到如今，他只能把所有装备全部都拿去堵缺口了。

对于隆美尔来说，这或许是他挽回局面的最后一搏了。双方的坦克在沙漠里激烈角逐着，飞机和炮兵一时都派不上用场。最让德军感到威胁的莫过于美国制造的谢尔曼坦克了，因为这个笨重大家伙的炮火能够毫不费力地穿透德国坦克。从南段防线赶到的意军没起多大作用，很多官兵都直接逃命去了。

傍晚的时候，隆美尔开始清点全军的物资消耗情况。仅这一天，北非军团物资消耗十分巨大。按照参谋长的说法，他们甚至连去港口接收物资的燃料都快没有了。要知道，隆美尔他们剩下的战车也不多了，如果连驱动这些装备的燃料都不够，哪来的胜利可言？

隆美尔决定立刻执行撤退的计划，再不行动，恐怕连撤退的物资都要不够了。为了避免撤退被阻，隆美尔必须想方设法瞒住德意的最高统帅部。除了在例行报告中故意隐瞒，他还故意设计迷局，弄了几份假情报让英军误以为北非军团还要继续抵抗下去。

11月2日晚，希特勒在询问过各战场形势后，随即就安然休息去了。第二天天还未亮，他就被他的部下给吵醒了。凯特尔元帅急匆匆地向他报告了昨晚隆美尔撤退的情况。希特勒一下子就清醒了过来，顿时急得跳了起来。凯特尔一阵安慰之后，希特勒渐渐恢复了平静。在他的授意下，凯特尔亲自给隆美尔发了一份电报。电报的内容显得十分可笑，除了一再要求隆美尔寸土必争，决不后退外，还保证意军最高统帅部将会全力帮助北非军团。电报最后又强调了一句，"坚强的意志可以战胜任何强敌。"

隆美尔很快就接到了这份电报。对希特勒的坚决态度他感到很意外，也很难理解。但他还是愿意执行这道命令。这样，北非军团停止了撤退，并且想尽办法来增强自身的战斗力。同时，隆美尔他们也直接向希特勒告知了当前的实情：如果继续守着阿拉曼战线，那么北非军团必然会被彻底歼灭，北非阵地便必丢无疑。

11月3日，隆美尔给妻子写了一封告别书。信中透露出他内心的绝望，甚至还附上了他之前存下的所有财产。

一天后，托马将军和施波内克将军各自带着队伍出发，构成了一个弧形防线，随后又与意军几个师的残部会合在一起，以巩固防线。南端的防线仍然由意军的几支部队来守护——德军实在抽不出更多的力量了。很快，他们迎来了英军的又一轮攻击。

中午时，德意部队终于击退了英军。托马将军随即向隆美尔报告了坦克的损失情况——装甲军只剩下20来辆坦克了。实际上，英军的损失大得多，但他们胜在可以随时补充装备。隆美尔对类似的坏消息似乎已经产生了免疫力，因为不管结果如何，他们肯定是输定了。

南面的防线更为糟糕一些。英军正在猛攻第20军阵地，估计也撑不了太久。隆美尔希望能够守住这道防线，便跳上了战车，准备亲自去指挥作战。不过，等到他赶到的时候，立刻就知道守住这里是没有任何希望的了。

这一次，意军没有再退让半分，一次次挡住了英军的炮火。然而，毕竟实力悬殊，意军的坦克很快就所剩无几，最后还是全军覆没了。他们已经尽力了，连隆美尔都不得不承认，对于他们的要求已经远远超过了他们的能力范畴。

英军装甲部队终于突破了北非军团的防线，沿着这条缝隙，他们继续向西进发。英军的摩托化车队则正向北非军团的后方推进。面对即将被全歼的命运，隆美尔他们决定不再死守上级命令，而是开始最后的转移。当晚快9点时，希特勒的撤退令才到达指挥部。正是因为上面的迟疑，北非军团白白丧失了许多顽强的战士，隆美尔第一次对他崇敬的元首产生了质疑。

从那天开始，隆美尔便带着他的残部开始了艰苦的撤退之旅。他们需要跋涉将近6000公里的道路，中途还要躲避英军战机丢下的炸弹，后面有着紧跟追击的英军先遣部队……虽然，北非军团已经败退，但是要想顺利完成撤退可不是任何人都能做到的。隆美尔再次展现了"沙漠之狐"的功力，使用各种战术一次次躲过了英军的围堵，让蒙哥马利试图全歼北非军团的愿望落了空。

虽然隆美尔凭借高超的指挥水平率领部队走出了困境，但德意两个最高统帅部却对他大加指责。意大利人认为隆美尔是故意抛弃意大利军队，只想着德国自己的利益，根本不想在非洲继续战斗下去。德国方面则认为他无视军令，无力击败蒙哥马利，只是别人的手下败将。当然，蒙哥马利的日子也不好过。因为全歼计划被隆美尔巧妙打破了，国内各种各样的非议随之扑来。

甩掉英军追击的隆美尔开始积极筹划建立新防线。他决定，今后不再与英军决战，而是以运动战为主，直到援军来到。

11月7日上午10点，伞兵旅的雷姆克将军带着600人左右的队伍来指挥部报到。这些伞兵能够逃到这里很不容易，中途还夺取一些英军卡车，组成了一支机动部队。隆美尔对这支劲旅并没有太多的好感，这源于他们总爱以精英自居，爱向指挥部要一些特殊待遇。可他们毕竟是一支有力的队伍，隆美尔还是非常欢迎他们的到来。

隆美尔的惊喜心情并没有持续太久。他得到消息，强大的美英联军来到非洲。一段时间后，他又收到情报，这支联军队伍已经在非洲西北登陆。北非军团的失败终于是铁板钉钉的现实了。

意大利人还是不死心，天真地以为隆美尔肯定能够帮他们守住非洲，所以一再要求隆美尔死守当前的阵地。隆美尔并没有把他们的话放在心上，只是按照当前的实际来规划未来的军事行动。他不再考虑任何主动进攻的事情，转而想如何把所有的人员和装备物资继续往西撤去，一直撤到突尼斯。在那里，他们很有可能获得增援，这样就有机会构筑防线。如果还不行，就直接登船回欧洲。

在撤退的过程中，隆美尔遇到了希特勒派来的特使。特使带来了希特勒最新的命令——构建新防线。此外，希特勒再次提出了之前的承诺内容，提供虎式坦克、88毫米反坦克炮云云。可是隆美尔已经不敢再相信什么了。他向特使阐述了当前撤退行动的重要性，并委托其转达给希特勒。隆美尔可能还不明白，他的大幅撤退将大大冲击墨索里尼政权，而德国如果失去了这个盟友，必定会陷入盟军的包围之中，对整个"二战"战局将产生深远的影响。这就是希特勒坚持让隆美尔守住当前阵地的真正原因。

11月15日是隆美尔的生日，可惜他却无心庆祝。德国空军驻罗马的联络官为他带来了蛋糕和希特勒的最新指示。希特勒要求隆美尔必须守住当前的防线，而增援部队已在途中，让他不用担心。隆美尔深深厌倦了这种毫无意义的战斗命令。柏林的人根本不知道前线已经多么糟糕了！坦克、燃料一样没有，除了血肉之躯，他实在想不出能拿什么去对抗强敌、守住阵地了。

凯塞林元帅非常清楚北非军队的处境，想尽办法运了80多吨的燃料给隆美尔。虽然这远远达不到军团装甲车辆一日的消耗标准，但却帮了隆美尔大忙，让他的军队能够顺利撤出当前区域。然而，当他们到达阿杰达比亚时，燃料再次告罄。他们离空军的起飞点又太远，没有办法接收空投物资。他们只能听天由命了。

"山重水复疑无路，柳暗花明又一村。"这句话用来形容北非军团当前状况再合适不过了。十几个小时后，隆美尔得到消息，离驻地不远的海岸边漂浮着上千只油桶。它们是从之前被英军鱼雷击中的货轮上滚下的，从托布鲁克港口附近慢慢漂到了这里的海岸边。正是靠着这些油桶，隆美尔他们终于撑到了布雷加。经过仔细观察，隆美尔发现这里并不适合构建防线，因为战线实在太长了，足足有160多公里——他手中的装备和燃料数显然不足以支撑这么长的防线。第20军军长只好带着隆美尔的报告前往罗马，想办法去说服那些后方的军事高层们。

负责接待斯提凡尼斯军长的是一位意大利将军。这位将军没有提及报告的事情，而是首先将隆美尔大大嘲讽了一番，污蔑隆美尔准备向英国人投降。斯提凡尼斯军长立马将谈话记录告知给了柏林方面。最终结果是，隆美尔军团重归巴斯蒂科元帅领导，试图压制隆美尔的指挥权，让前线按照最高统帅部的意思办。

不过，隆美尔可不吃这一套，依旧我行我素，坚决将部队后撤。巴斯蒂科拿他没办法，转而让斯提凡尼斯军长来劝阻隆美尔。

11月24日，凯塞林、卡瓦莱罗赶来非洲与隆美尔协商今后北非军团的行动问题。会议上，隆美尔强调了以往糟糕的供应链对战局造成的深远影响，还向过于乐观的两位元帅分析了当前的形势。隆美尔直接告诉他们，北非军团的剩余兵力连一个师都不到，意军又根本挡不住英军的进攻，现在只能撤出整个的黎波里塔尼亚。与会的凯塞林和卡瓦莱罗表现出激烈的反对态度。隆美尔却提醒他们，如果现在还不撤退，那么再有1个月左右，他们就会面临英国大军的围剿，想逃都逃不了。他甚至罗列了一张武器清单，并当场作出承诺，如果罗马能够提供这些物资，那么他定会血战到底。另外两个人这时终于傻了眼。

隆美尔会上的粗暴态度实际上是长久以来压抑情绪的总爆发。他的身上承载了太多人的希望，但时局艰难，现在他只求能够保住这支经营许久的队伍。另一方面，他并不堪忍受败退的窘态，只能将内心的痛苦压抑着，最终转化成烦躁而粗暴的行为来化解。退败已让他失去了冷静的分析能力。

11月26日，隆美尔接到了罗马方面关于会谈的商议结果。墨索里尼坚持不让北非军团撤退，还要寻找时机向英军发起进攻。听到回复后，隆美尔立刻跳了起来。他再也无法忍受让无能的意大利人来驱使他了！他当即安排了军内的相关事宜，带着贴身警卫飞到柏林找他的元首去了。

可等他见到希特勒的时候，心情并没有变好，苦也没诉成。希特勒见到他的第一句话，不是安慰，不是赞扬，而是接连不断的呵斥与质问。希特勒对他"擅离职守"的行为非常愤怒，会场的氛围也是格外的冰冷，这一切都让隆美尔感到很是心寒。

隆美尔谈战略谈撤退，希特勒就大发脾气，认为这全是北非军团的失误；隆美尔谈装备谈供给，希特勒就说这是撤退惹的祸，北非军团自己把武器扔掉了；隆美尔谈英军装备充足，希特勒就强调坚守的重要性，强调东线就是这么解决的……总之，隆美尔说什么错什么，只能听凭希特勒作最后的决策。

最后的结论是：北非军团不能再撤退，由戈林陪同隆美尔前往意大利解决供给问题。隆美尔的内心只剩下了苦涩，但开始明白这位"最高元首"是一个多么不肯面对现实的幻想者。

就这样，隆美尔和戈林踏上了前往罗马的专列。此时，隆美尔对这位"帝国红人"已经充满了深深的厌恶感。前线的战士还在经受枪林弹雨，这位大人物却只关心自己的荣华富贵。在戈林的豪华包厢内，隆美尔坐如针毡，还要忍受其滔滔不绝的战略幻想。但他必须忍受，他甚至想要说服戈林支持他的计划，因为他实在不想失去那支队伍。

一次世界大战中精明干练的赫尔曼·戈林

隆美尔在车上起草了一份新的军事计划,即将军队撤到突尼斯,和那里刚组建的新军会合,然后对刚刚登陆的美军实行突袭——这将大大打击盟军在非洲的力量。

很不幸,他虽然说服了戈林,但却没办法说服固执的凯塞林元帅。元帅害怕突尼斯会成为盟军的头号轰炸目标。但是,墨索里尼表示,如果英军真的发起了攻击,北非军团就可以暂时撤出布雷加。这可能是隆美尔带回的唯一成果。

然而,就在北非军团撤到诺大利亚以东地区时,他们的燃料又再次告急了。而英军已经到达梅尔达马西南部,很快就要追上他们了。隆美尔当即将赶上的部队部署在诺夫里亚地区,等天一黑,主力部队就可以进入阵地,第

90轻装甲师则作后卫守在华地马垂亭。

17日上午，英军对德军的主阵地发起了猛攻，与之对战的是北非军主力和第33侦察营。幸好燃料这时及时送到，使得原本滴油未剩的两支部队终于有了逆袭的可能。之后的战斗中，英军约有20多辆战车被毁，海滨公路也没有被切断。得到汽油的德军残部沿着公路往西撤去，实际已冲出盟军的包围圈。

中午12点，隆美尔与巴斯蒂科元帅再次商议了今后的具体计划。隆美尔提出，现在就可以考虑一下撤出的黎波里塔尼亚的事情了。巴斯蒂科对此并无异议。于是一份由他们联名签署的电报发到了意大利最高统帅部。他们当然知道撤离这里将会带来什么后果，但是，就像隆美尔所说的那样，"一个军人必须学会承认事实"。

一直拖延到1943年的1月初，局势已经糟到不能再糟了，意大利统帅部最终松了口，准许意大利军撤回泰尔胡奈—胡姆斯战线，但同时德军方面必须在的黎波里的阵地前至少再抵抗一个月。隆美尔对这个时间要求实在是不敢认同，只想着尽力而为。

1月14日夜里，英军的炮兵已经在前线准备就绪。15日天刚微微亮，英军的第7装甲旅和新西兰军对防线南部发起攻击。虽然他们拥有140辆坦克和100多辆装甲汽车，但依然被德军给截住了。稍作休息后，他们又在午后发起新的攻势，但还是不敌德军，损失了30多辆坦克（德军只损失两辆）。

1月17日，英军第7装甲旅主力在贝尼沃利德地区与德军交战，试图切断德军的迂回通道，与之对战的德军第90轻装甲师只能边打边撤。夜间时分，隆美尔开始下令往泰尔胡奈—胡姆斯一线撤退，等到意军摩托化队伍一到齐，全军立刻撤往的黎波里防线。

1月19日，在隆美尔的灵活指挥下，英军的攻势基本被遏制住了。他未因此放松警惕，而是让侦察队伍密切关注英军动态。英军装甲大军正向海滨公路方向赶去，很有可能是想迂回包抄德意路面军队。隆美尔犹豫片刻，决定放弃泰尔胡奈，集中力量来对付侧翼的敌军。

蒙哥马利原本是想，如果10天内拿不下的黎波里，那么就放弃此轮进攻。因为英军的大量死伤已经引发国内政客对他指挥能力的质疑了，他不能再次冒险。隆美尔的这一退，反倒让他松了一口气。

隆美尔的日子可就不好过了。意大利人对隆美尔不战而退的行为感到异常愤怒，再也不想任其罔顾军令下去了。26日晚，罗马方面发来了一份意图明显的电文，大意为隆美尔身体欠佳，等军队撤退到达马雷斯防线，将由意大利军团的梅塞将军接任指挥权。隆美尔没有被吓住，而是立刻回了电，请求立刻把梅塞将军送来，成立新的司令部。

不过，当梅塞将军真的赶到前线时，隆美尔并没有立刻把军权拱手相让，而是提出等局势稳定后，再行交接。

隆美尔早先就曾拟定过对付美国人的"加贝斯计划"，但当时只是迫于形势的无奈选择，未做深入的谋划。此时，指挥权即将被夺走，他决定施行这个计划，让意大利人不敢再低看他的能力。

1943年2月14日，第21装甲师沿着费德隘道的前沿阵地出发，试图围剿驻守在西迪布济德的美军第2装甲师。其实，美军早已得知德军的突袭计划，但指挥官判断这仅仅是德军声东击西的把戏，就未做任何防备工作。德军兵分三路，一支从正面猛烈炮击，吸引美军主力的注意力；一支则绕到北面，从侧翼袭击；一支则从西迪布济德的美军后方袭击。美军虽在武器装备上占了很大优势，但问题是士兵战斗经验不足，根本斗不过德军的那些沙场老兵。没过多久，美军残留的队伍就向西边逃开了。第 21 装甲师则借夜色掩护，不断追击，一直到拿下斯贝特拉。

这久违的胜利让隆美尔兴奋起来，他觉得可以对泰贝萨实施一次突袭，并占领这个重要的空军基地。计划提交给上级后，他就陷入了焦灼的等待之中。

深夜两点，罗马方面来了消息。他们同意隆美尔发动一次进攻，但目标不是泰贝萨，而是塔莱—卡夫一线。隆美尔哭笑不得，如果真的按照这样的进攻路线，那么他们一定会迎上盟军强大的预备部队。隆美尔不愿再多费口舌了，他立刻命令非洲军团转向卡赛林隘道方向。第 21 装甲师将向附近的一片谷地进攻，第 10 装甲师各部则跟在后面一直到达斯贝特拉。

盟军得到这个消息的时候，很是慌乱，赶紧将泰贝萨的预备队伍重新调回防守。德军的进攻很快得到了盟军的回应。熟悉沙漠作战的德国军团并不擅长在那里进行山地作战，加上美军居于高处，有着固守的优势，所以德军一时未能取得主动。

但是，在山口的另一端，盟军新的坦克团又将集结起来。这次出动的是德军第 10 装甲师，他们破坏了盟军的集结计划。不过，胜利并没有持续太久。第 10 装甲师在泰贝萨遭到了美军的阻击，推进再次停滞下来。盟军的兵力源源不断地出现，兵力日益增强，这与德意军队的当前状况形成了鲜明对比。

2月22日，隆美尔前往塔莱，当他发现英美队伍又一次扩大的时候，下达了停止进攻的命令。令人可笑的是，就在当天下午，他与凯塞林会面时，对方竟然问起他是否愿意担任"非洲集团军"的总司令。卡赛林之战的成功似乎让最高统帅部觉得隆美尔还是一个可靠之人，有能力担此大任。不过，如果隆美尔接受的话，这将意味着他要和空军及意大利最高统帅部建立长久联系，他就失去了灵活的指挥权。因此，隆美尔表示，宁可不升职，也要和自己的军团守在一起。

2月23日，美军出动了104架战机对卡赛林隘道进行了密集轰炸，一直持续到晚间才结束。轴心国部队再次感受到盟军强大的空中实力。同一天，隆美尔接到了意大利最高统帅部的最新命令，决定成立一个非洲集团军总司令部，由隆美尔任总司令，管辖非洲装甲军团（即后来的意大利第1军团）和第5装甲军团。隆美尔升了官，但之前的两个军团指挥权就被交出了，今后还要面对德意两方的最高统帅部和德国空军指挥部——被隆美尔戏称为"伺候三个不同的老板"。

大任当前，隆美尔的身体状况却每况愈下，心脏病、神经痛和风湿病将他折磨得不轻。3月7日，隆美尔准备和齐格勒、拜尔林两人一同赶回欧洲，因为他的身体已经到了非治不可的地步了。他让阿尼姆上将来代理总司令，随即飞到了罗马。原本他还想等病好后再回来，但墨索里尼认定他是一个"失败主义者"，认为他还是回去养病不要再回来为好。他的态度正是希特勒的态度，不过那位德国元首显得更为"人道"些，还授予隆美尔一枚宝剑金刚钻的橡叶勋章。

虽然两位独裁者对隆美尔很不满意，但不得不承认这位"沙漠之狐"对盟军还是有相当大的威慑力的。所以,隆美尔离开非洲的事情一直被严密封锁着。

5月13日,疗养中的隆美尔听闻了25万德意官兵在突尼斯投降的消息后,一时间百感交集,心里明白,墨索里尼就要完蛋了。

北非,成千上万的轴心国士兵成为盟军的俘虏

拯救西线——战争狂人萌退意

1943年3月中旬，隆美尔乘着专机抵达了维也纳郊外的机场。他的妻子露西和儿子弗雷德曼正在那里等着他。隆美尔见到妻儿的第一句话就是"元首不让我再回非洲了"。

几天后，隆美尔回到医院接着之前的治疗。那段时间对隆美尔来说，真是倍感煎熬。他既无职位，也无法与德军大本营取得联系，只能靠看报纸、听广播来获取前线的消息。更多的时候，他就埋头整理、撰写自己在非洲战场的回忆录。

每当听到前线战事紧张时，他就会紧张地在房间里走来走去，好像自己还待在前线一样。有时，他会在家人面前批评最高统帅部，甚至希特勒本人在军事战略上的失误。突尼斯的失守，让隆美尔很是痛心，因为他没能挽救自己的队伍。

其实，突尼斯的失守对整个"二战"形势具有更为深远的意义。意大利再也没有任何可以阻挡盟军的堡垒，国内局势更是一塌糊涂，到处都是一片反战的呼声，墨索里尼的宝座开始动摇起来。

这让希特勒深感不安。墨索里尼是维持德意轴心联盟的关键，一旦他的政权倒台，那么德国在欧洲地区将面临被重重包围的危险。所以，希特勒决定把苏联战场的几个装甲师和步兵师调到意大利去援助他的好盟友。

当时苏联战场还在激战当中，无法抽调出人员来当指挥官，而总部的一些将军们很久都没上战场了，无法承担这么重要的职责。希特勒想来想去，最后只想到隆美尔一人可担此重任。

7月中旬，隆美尔接到了参加总部情况汇报会议的通知。会议中，隆美尔驳斥了戈林提出的换将建议，主张应当继续由胡贝担当进攻西西里的总司令，而让拜尔林任参谋长。他的建议得到了希特勒的认可。

这时东线战场的形势已发生了大逆转。苏联军队正在发动全面反攻，德军只是勉强撑住而已，根本抽不出任何兵力去意大利。另一方面，德国空军方面正在积极阻挠隆美尔成为意大利境内德军总司令。隆美尔的意大利之行显得颇为曲折。

之后的事情颇有戏剧性。盟军故意在西班牙海岸边上放置了一具身着英国军装的死尸，让其外表看起来像是飞机失事的结果。没过多久，德国人发现了这具尸体，还"碰巧"在其身边发现了一份重要文件。文件显示，盟军即将入侵希腊。这让希特勒一下子改变了主意，决定让隆美尔去做东南欧战区的总司令。

一开始接到希腊任务的隆美尔很是不开心。他在这里每天的工作就是巡视各部防御工事的建造情况，预计的盟军进攻却迟迟不来。希腊部队的配置也不怎么样，除了意军第 11 军团，仅有德军第 1 装甲师和 3 个步兵师。正当他静下心来准备把希腊布置成一个堡垒时，三军统帅部来了一个电话，传递了一个惊人的消息——墨索里尼倒台了！

7 月 26 日，隆美尔奉命前往希特勒的"狼穴"报到。几乎所有的军政要员都来参加了这次情况汇报会。情况很不妙：奥廖尔的苏军还没有被扫清；西西里半岛西半部已被美军占领；意大利方面情报不足，只知道意大利很快将退出战争……

晚宴的时候，意大利的内阁成员法里拉西为他们简要介绍了国内形势。意大利境内的法西斯党员已经开始受到民众的攻击，他自己就是趁乱逃出来的。此外，意大利在 10 天内一定会提出休战，届时英军将会在热那亚等地登陆。

听到这些消息的隆美尔恨不得立马赶到意大利去力挽狂澜。但是由于种种政治原因，他的这个想法并未能落实。不过，魏克斯元帅已经接替了他在希腊的职务，现在他只要负责完成德军的集结任务并耐心等待就可以了。

7 月 28 日，隆美尔已经开始着手准备前往意大利了。不过，德军只能进入 1938 年前的所属国界。意大利国内局势非常复杂：墨索里尼组织召开的法西斯最高会议最终宣布反对墨索里尼；这位曾经的意大利独裁者试图去找意大利国王保护自己，中途却被政客们劫持走，不知所踪；巴多格里奥奉命组阁，随即发动对法西斯党员的搜捕行动。希特勒那里则获取了更为详细的情报，意大利新内阁不仅反法西斯，还正和盟军代表积极接触。

希特勒坐不住了，让隆美尔立即调动部队攻打意大利，意在给意大利政府施加一些压力。隆美尔猜测，意大利新政权可能是想单独投降，他必须趁这个时候抢占要害地区，否则一旦意方完成谈判，那盟军可就占了大便宜了。7月30日，隆美尔命令法尔斯坦将军越过布伦纳，抢先占据要害地区。可惜的是，他本人只能遥控指挥，不能踏进意大利半步。

8月3日，德军不顾意大利政府的抗议，强行派遣了一个师进入意大利国界禁区。当德军强化师推进到意大利境内时，意军的守卫部队立马陷入了一片惊恐之中。德军的这次行动并没有提前告知，所以边境部队未收到任何上级指示，也不敢随便反击，只能尽快上报统帅部。等意大利人反应过来时，德军早已开进了他们境内，占领了边境上的所有隘道要地。

意大利政府还处于矛盾之中，既渴望德国军队能够帮助他们打退盟军的侵入，又想早点结束战争，不敢随便得罪盟军。德国在罗马的当局简单地认为，意大利人不会背叛德国，他们只会帮助德国赢得战争，赶跑盟军。隆美尔则现实得多，认为当前意大利之所以犹豫不决，完全是因为他们和英美谈判不顺利的结果。

不过意大利民众对德国军队擅自入境的行为很是愤怒，经常会发生示威游行以示抗议。他们还自发地在德军经过的道路上设置障碍，不愿战争再次扩大。

8月8日，一支德国党卫军的侦察队伍在拉斯佩齐亚附近活动时受阻，无法抵达目的地奥拉，严重阻碍了德军占领那里的海军基地。隆美尔意识到，意大利政府已经公开放弃与德国的合作关系了。

维京霍夫将军在向希特勒报告完当前形势后，被任命领导意大利南部的两个军，专门执行转移任务。希特勒想把意大利南部和西西里的部队调到罗马南部，因为他相信英军不会在瘟疫盛行的意大利南部地区登陆，不如守在罗马附近，给意大利政府施加压力。

按照希特勒的指示，隆美尔和约德尔于8月15日前往佛洛尼亚与意大利陆军参谋长罗塔举行会谈。这次会谈的氛围很是紧张，一上来两方就为意大利南部意军突然撤兵的事情争论不休。罗塔多次强调，意大利境内的德军指挥权应当划归意大利最高统帅部，这是德意双方实现合作的前提。

德方当然不会把军队的命运交给不靠谱的意大利人。会谈不欢而散，所谓"轴心"联盟已彻底瓦解。

几天后，隆美尔将司令部转移到意大利北部。此时意大利政府公开表现出不合作态度，不仅不愿提供帮助，还不允许德军架设通信设备。而在意大利南部，意军开始执行上级命令，在公路上故意设置陷阱，阻止德军坦克前进。

9月3日，英国第8集团军的一部分兵员在意大利卡拉布里亚顺利登陆。这与隆美尔预计的登陆点完全不一致，使得德军没能及时阻止。之后隆美尔在希特勒的命令下，和意大利国王进行了会面。但是这位狡猾的国王依旧装作什么都没有发生，还一再宣称将与德国并肩作战。隆美尔很清楚，这只是拖延时间的一种对策罢了。他也突然明白，来此之前希特勒为什么会提醒他小心意大利人，防止对方下毒了。

9月8日，意大利人正式对外公布了向盟军投降的消息。希特勒不再顾忌，立马让前线德军接管了罗马，并镇压了意大利国内的共产党运动。

港口里停泊的意大利军舰纷纷离港投奔至盟军的怀抱，国内的王公贵族也开始了流亡生活，前往盟国各处去寻求庇护。意大利南部的军队加入了盟军，与昔日的盟友展开了激烈的对战，北部80万意军则在攻击前被德军缴了械。

9月9日，美国艾森豪威尔将军带着海军陆战队登上了萨莱诺滩头，意大利向同盟国投降的消息终于传遍了整个德国。

德军解除了北部意军武装后，希特勒曾想让隆美尔出任意大利的最高指挥官。不过，隆美尔非常明确地告诉希特勒，想要夺回意大利南部或者西西里基本是不可能的，因为海岸防御线太长，德军没法抽调出那么多的部队。德军必须放弃意大利南部，在波河南面的亚平宁防线作最后的防卫。相反，凯塞林将军认为，意大利南部是值得夺取的。南部防线所需的兵力远远少于亚平宁防线所需的数量。就这样，希特勒再次变卦，令凯塞林自11月21日起继续执掌意大利战场的指挥权。

1943年10月21日，隆美尔离开了意大利，并再未回去过。他还不知道，前方还有一个非常重要的任务正在等着他。

10月30日，德国最高统帅部作战局局长阿尔弗雷德·约德尔向希特勒提出，可以让隆美尔及其参谋长前往大西洋战场，压一压盟军的嚣张气焰。曾经煊赫一时的"大西洋壁垒"已脆弱不堪，即将成为盟军的进攻目标。隆美尔身经百战，对构建防御工事具有丰富的实战经验，对付英美联军很有一手，盟国军队对他本人也颇为忌惮，实在是不可多得的合适人选。

其实，希特勒早就为安排隆美尔的去处大伤脑筋了，约德尔的提议让他顿时豁然开朗，立刻就接受了这个建议。为了不使当前大西洋防线的负责人卡尔·鲁道夫·格尔德·冯·伦德施泰特产生不必要的误会，隆美尔的任命令只提到让他去检查防线修筑情况，并没有提到指挥权的问题。

隆美尔临行前，希特勒特意约见了他，不断强调大西洋防线的关键作用，暗示他的真正任务可不仅仅是修筑防线。隆美尔对此心领神会，知道自己终于可以大干一场了，便立刻投入到战线形势的研究中去了。

12月1日，隆美尔踏上了新的征程。抵达目的地后，他没有顾得上休息，而是立刻带着随行人员巡视了丹麦海岸的防御情况。巡视任务结束后，他向身边的部下谈到自己为此次作战拟定的防御原则，即在滩头就地歼灭敌军。他的初步观察结论是，这里有完备的德国空军，盟军不会将这里作为登陆点。

隆美尔的巡视工作持续了整整两周之久。随后，他回到家中休息了一段时间，好为下面的行动养好精神。18日，隆美尔前往法国巡视。当地的报纸对他的到访进行了大肆报道，隆美尔也是乐在其中。不过，他还不至于忘记自己的使命。休息半天后，他前往西线指挥部，去拜见这里的总司令伦德施泰特。

伦德施泰特并没有对隆美尔的到来表现出欢迎的姿态。在为隆美尔介绍完西线战场的情况后，这位年近七十、满脸病态的老元帅仅用了一句"前景暗淡"来形容当下的战局。伦德施泰特颓废的精神状态让隆美尔感到很不舒服。让他感到气愤的是，西线官兵的做事效率已经低到了令人发指的地步。

整整 3 年，德军在这个号称"大西洋壁垒"的地方只埋下了 200 万颗不到的地雷，远远低于应有的标准。

隆美尔再也坐不住了，他决定挑起构筑防线的担子。他先用了几天的时间，巡察了法国境内的所有可能作为登陆点的海岸线，并作上标记。之后，根据盟军当前的军事动态，筛选出盟军有可能的登陆滩头。经过慎重的分析，他觉得最有可能的地方就是比利时至法国的索姆河一段。

隆美尔对即将到来的战争形势有了比较明确的认识后，开始正式部署起来。他让第 15 集团军指挥官注意将部队安排在距海岸很近的地方，从而保证盟军登陆后能够迅速展开反击战。不过，想要按自己的意思去安排防御工作可不是一件容易的事。毕竟，伦德施泰特才是这里的最高长官，没有他的指示，谁也不敢动手去做。

隆美尔元帅视察英吉利海峡附近的德国要塞

隆美尔向伦德施泰特提出了自己的布防计划。伦德施泰特对他的建议表示了极大的赞成，但对把主力全部押在索姆河附近的做法提出了异议，认为这过于冒险。伦德施泰特指出，如果实行这样的调动，那么一旦盟军登陆点在别处，那么就再没有装甲部队能够及时填补缺口了。

虽然方案没有被完全接受，但隆美尔并未丧气。他把说服对象又转成德国空军司令部，希望能够得到他们的支持。不过对方的回复却让他大吃一惊。原来，这里的空军部队只有后勤部队，飞行员还在其他战场战斗。只有等到盟军真正行动起来时，飞行员们才能从各地赶回来。隆美尔这才明白，所谓的"大西洋壁垒"早已徒有虚名，如果再不想办法巩固防线，那么盟军一旦来了，肯定是守不住的。

最高统帅部接到隆美尔的报告时，对西线的糟糕状况也是非常震惊。希特勒希望隆美尔能够带领德军帮他们挽回失败的命运，便下令将西线所有海岸军队的指挥权授予隆美尔，要求他尽快修复"大西洋壁垒"，为即将到来的战事做好准备。恰逢伦德施泰特回国休假，隆美尔终于可以完全按照自己的想法完成西线的战备工作了。在给妻子的信中，他忍不住感叹道，"我终于得到了这个权力。"

他立刻投入到紧张的工作中去。他给各部的指挥官下了死命令，一定要把敌军消灭在海滩上，不能给他们任何一个在陆上修筑防线的机会，否则一切将功亏一篑。他几乎将所有精力都投注在加固"大西洋堡垒"的计划上，连休息的时候，满脑子也塞满了下一步该做什么的疑问。

隆美尔对"大西洋堡垒"的构想绝非只是在法国这片土地上，他想构建的是一个贯穿比利时、荷兰、法国海岸线的超级"壁垒"。可惜，那时的德国国内已经发生了严重的经济问题，根本无法提供所需的建筑材料，人手也不充足，这一方案注定只是他的一个幻想。

按照他的部署，大西洋防线的加强版可以分成三大主要区域。第一层是滩头防御区，这里被插上了许多木桩和铁桩，桩子上面挂了水雷、炮弹等易爆物品。盟军在登陆时，登陆艇一不小心就容易触上这些桩子，必然是船毁人亡。第二层屏障是密集的雷区。隆美尔掌握指挥权后，安排了大量人手去埋设地雷。截至1944年5月，他们已成功埋下了400多万颗，比之前驻军3年里埋的总数还多。第三层防护是空降障碍物。盟军如果想要实现后方突破，一定会派出空降部队，所以隆美尔让部下在适合空降的地方埋设了不少木桩，上面挂满炮弹，还有尖锐的铁丝网。这对盟军的滑翔机等会产生极大的阻碍作用。

不过，由于盟军方面行动神速，三层防御体系实际上没能完全成功。不可否认的是，仅仅因为这些没能完工的防御带，盟军就吃足了苦头，大批战士为成功登陆奉献了生命。

虽然隆美尔获得了海岸部队指挥权，但却没有调动任何一支装甲师的权力。驻法国的德军装甲师已是德国仅存的一支装甲预备队伍了。由于盟军还未开始登陆，所以他们还处于一种比较放松的状态。隆美尔对此感到非常忧心。

经过几个月的努力，隆美尔向最高统帅部递交了一份完整的情况报告，认为德军已经做好准备，可以应对盟军的攻势了，同时还提出想要获得装甲部队指挥权的要求。隆美尔的请求很快传到了伦德施泰特耳中。这位老帅对隆美尔试图扩大自己权力的做法很是愤怒，因为他的权力几乎已被隆美尔给拿尽。如果伦德施泰特再交出装甲部队的指挥权，那他的权力也就荡然无存了。伦德施泰特驳斥了希特勒让他放弃总司令的提议，从心里排斥起隆美尔这位"北非败将"。

最高统帅部对隆美尔的这个要求采取了冷处理的态度。一方面是和伦德施泰特的态度有关,另一方面是因为东线战场告急,他们没有心思再去管法国的问题。最最重要的是,隆美尔那种试图把所有装甲力量集中在一处的做法让他们深感不安。德国国内的坦克专家们一致反对隆美尔的做法,嘲笑他把坦克当大炮使用。但隆美尔有自己的想法。在他看来,想要把敌人彻底消灭在滩头上,必须得有坦克火力的支援。而他一直强调的作战原则——"将敌军消灭在滩头上",实际是其安排上述计划的基础。

隆美尔与坦克专家们一直争执不下,希特勒只好让他们各退一步:驻法国的装甲预备师中的3支队伍按照隆美尔的规划,布置在海岸附近,另外4支则留在内陆地区,专门用作后援部队。

隆美尔(左二)在部属的陪同下视察大西洋壁垒

4月的时候，德国情报人员探测到盟军的进攻日期——5月初或5月中旬。盟军对所选择的登陆点做了种种保密和迷惑德军的工作，但都被德方一一搞定。希特勒已经确定，盟军将在诺曼底登陆。5月2日，希特勒组织了一次西线作战会议。会上，希特勒宣布将1支空降军调往诺曼底和布列塔尼半岛。隆美尔对突如其来的变动很是不理解，在他的心里，早已认定索姆河那里才是真正的登陆点，这时作出这种调动，无疑只会削弱当前的防线力量。

很快，约德尔为他解开了谜团。约德尔告诉隆美尔，最高统帅部已经非常确定盟军的登陆地点就是诺曼底。隆美尔没有丝毫迟疑，立刻带着副官赶往诺曼底察看。不过，当他到达那里后，立刻就放松了心情。这里的防御已十分完备，除了滩头的障碍，瑟堡半岛上的田地全都浸泡在海水中，成了寸步难行的沼泽地。海滩上还配备了探照灯，既可以防止盟军趁黑夜偷偷登陆，又可以把对方照得头晕眼花，直接撞上滩头的炸弹陷阱。

为了确保万无一失，他特意去了一趟第21装甲师防守区域，确认防御工事正在加紧修建，他才给最高统帅部发了回复。他向上级作出许诺，盟军将会为此次登陆付出惨痛的代价。

但是，事实并没有他想象的那般美好。正对英吉利海峡的登陆口的确已经是完美无缺，但诺曼底的防御工事却一直没有进步。盟军破坏了一切通往这里的交通道路，使得修筑需要的材料无法及时送达。诺曼底海滩的障碍物就一直高高地杵在那里，在落潮时，成为一根根怪异的柱子，根本不能起到阻碍作用。

隆美尔也曾注意到这个问题，向上级提出了许多加强防御的建议：调一支高射炮部队到奥恩河和维尔河之间的地区；增加一个多管迫击炮旅在卡郎唐以南一带；党卫军第12装甲师转移至科唐坦半岛；装甲训练师安插到阿夫郎什附近；海军在塞纳湾而非比斯开湾布雷等。可惜，他的上述建议一个也没能实现，诺曼底的防御缺口始终没能填补起来。

5月20日，德军的巡防兵在索姆河捕获了两个英国突击队员。隆美尔亲自参与了审问，让他们交代此行目的。两人很快就招认，自己是被派来侦察地形的，因为盟军即将要在这里登陆。隆美尔一下警醒起来，立刻电话通知了最高统帅部。同时，他在心里也暗暗高兴，因为他的判断是正确的，所做的准备也是正确的，一切就等对方的行动了。此时的隆美尔已经飘飘然了，他仿佛看见了盟军战败的悲惨场景。他所带领的官兵们也信心满满地在等待战争的到来，预备大显身手，建功立业。

最高统帅部并没有理会隆美尔的提醒，因为他们已经完全确定瑟堡将会是盟军的下一步目标。根据气象专家的预测，6月5日至6月13日将是一个绝佳的登陆期，因为那将是一个重要的退潮点。隆美尔接到上面的通知后，并没有感到大惊小怪，但是对推测的时间点还抱有怀疑。他认为盟军进攻的真正时间点是6月20日以后，那时对方的舰船可以顺利漂过第一层防御。然而，唯独这一次的关键时刻，他的预计完全是错误的，盟军的行动时间与登陆点和德军最高统帅部的推断才是基本一致的。

在确认前线已安排好了之后，隆美尔就告假回国为妻子庆祝生日去了。临行前，他还对身边的下属说道，盟军肯定是在20日之后进攻，让他们不要担心。

不过，并非所有人都赞同隆美尔的想法。诺曼底地区的指挥官第84军军长马尔克斯将军在登陆前几日就预言，英国人将在周日去完教堂后，周一（6月5日）便发起进攻。

他的推断完全准确。盟军正是在6月5日从英国各个港口出发的，经过一个白天的航程，他们才抵达了预定登陆点。由于那日海浪较大，德国海军竟然没有在英吉利海峡上派出巡逻艇，导致盟军出发的消息没能及时送达前线。

诺曼底登陆前的准备工作：英国喷火式战斗机正在进行紧张的训练

诺曼底登陆前的准备工作：美军集中了大批登陆艇

当晚，驻守在海岸的德军部队又像往常一样，听到盟军轰炸机在天空盘旋的声音。爆炸声陆续在各处响起，但他们已习以为常，并没有感到有什么不对。不过，还是有一些细心的指挥官察觉到了什么，因为这次轰炸似乎不同于以往，像是海边的波浪，一波又一波，越来越凶猛。午夜之后，竟然有大批盟军战机向大陆地区飞来。空降部队的引路标将海岸线后方照得一片闪亮，好像来自天堂的彩光。凌晨1点后，上千名盟军伞兵在海岸线方面的地区降落了，伴随而来的，还有大量载有装备的滑翔机。隆美尔之前设计的防御带理论上是很有用的，但因为时间仓促，防御木桩没能用铁丝网连接起来，地雷和炮弹也没有装上，所以虽然对滑翔机产生了破坏作用，但对机上的人和物并未构成威胁。

附近的德军迅速向各部传达了盟国伞兵登陆的消息，作战行动随即展开。内陆方面的战斗异常激烈，德军试图将空降队伍就地消灭，否则海岸防御地区将可能有两面夹击的危险。

当时塞纳湾沿线的雷达设备已被盟军炸毁，天气状况又比较恶劣，德国空军和海军无法正常巡逻侦察。盟军正是利用了这个绝佳的机遇，把装满兵员的庞大运输船驶过了英吉利海峡，直至越过了德军的警戒线。凌晨5点30分，当盟军舰队开始炮轰海岸线时，德军也立刻反应过来，盟军已经来了！

海岸边，盟军的战舰、巡洋舰和驱逐舰一致将炮口瞄准了海岸处，轰炸机也在上空实行连续性轰炸，配合海军的行动。在强大的火力掩护下，英美联军的特勤部队开始利用装甲小艇向滩头靠去，把暴露在海滩上的障碍木桩一一摧毁。不久，大批登陆艇陆续靠岸，盟军战士一起朝滩头扑去。就这样，一场血战开始了。

此时的隆美尔对盟军的登陆情况还一无所知。6月6日正好是露西的生日，他一直沉浸在欢乐的气氛中，直到接听了B集团军指挥所来的电话。当他得知盟军已经开始进攻的时候，顿时大脑一片空白。随后，他告诉对方，自己将立刻赶回战场。

最后的时刻到来了,美军登上登陆艇,向诺曼底海滩进发

放下电话后,他立刻向希特勒打了一份报告,请求让自己再次回到战场,彻底将盟军击溃。那天晚上,他就火速赶到了指挥部。伦德施泰特告诉他,之前设置的那些滩头障碍根本没起任何作用。他的参谋官为他讲述了具体情况,说明落潮对此次防御产生了巨大影响。

不仅如此,盟军还利用喷火器等设备将地堡全部摧毁,就连遇到悬崖峭壁,他们也能利用火箭发射出的绳梯攀爬过去。之前密集的雷区部分已被开拓出一条通道,基本无法发挥作用了。面对此情此景,隆美尔要求立即组织队伍反攻。

德军第 21 装甲师接受了此次任务，并且暂时将登陆的盟军击退。但从战场的整体形势来看，德军的防守形势依旧非常严峻。在德军防线的西面，英军夺取了一个桥头战地，东面则有美军占领的两个据点。德军被夹在中间，暂时遏制了两方的攻势。不过，他们当下只有一支装甲预备队，还需要更多更强大的装甲军支援。只有等到援军到来，他们才可能将盟军赶出海滩。现实是，他们不仅没有等来援兵，弹药却逐渐告急起来。在防线后方，装甲训练师和党卫军第 12 装甲师则直到 6 月 6 日接近傍晚，才开始向海岸方向进发。

截止到 6 月 8 日，诺曼底登陆盟军已逐渐将所有占领的滩头阵地联合成块。隆美尔还在等待着盟军的二次进攻，因而没有抽调部队到海岸去组织全面的军事反攻。然而，登陆盟军退回海滩，这只是盟军方面给他制造的一个假象。

6 月 13 日，盟军向瑟堡发起攻击。为了守住这个重要的水港区，以防盟军建立新的物资供应基地，隆美尔命令部队拼命反击。然而，盟军借助空陆联手的优势很快突破了重重围堵，迅速向瑟堡挺进。

两天之后，盟军几乎封锁了所有的重要交通要道，瑟堡守军已无战胜的希望。隆美尔为了减少更大的伤亡，下令瑟堡守军往半岛北部撤去。他心里知道，德国大势已去，再战下去只会让战士们白白送命。

在谢尔曼坦克的引导下,美军车队在安齐奥滩头阵地向前缓慢推进

6月17日,希特勒召集了龙德施泰特元帅和隆美尔两人在苏瓦松附近进行了会谈。隆美尔在会上请求希特勒亲自到前线视察一次,这样可以充分了解战场真正的局势,便于做下一步的军事安排。此外,他还提出了一个大胆的反攻计划,即用步兵师去防守奥恩地区,同时让装甲师向南部前进,在盟军的侧翼上开一个口子。

或许是感受到了前线的巨大危险,希特勒立马赶回了德国,再也没提起视察的事情,隆美尔的作战计划也被他搁在了一边。临行前,希特勒还不忘告诫隆美尔他们,"寸土必争,死拼到底才是制胜的法宝"。

6月29日,隆美尔和龙德施泰特二人前往希特勒的私人别墅,想要了解最高统帅对当前以及今后时局的想法。隆美尔在会谈中甚至直接问希特勒,"您为何还能幻想战争可以获胜呢?"这位久经沙场的元帅终于对战争产生了厌倦感。他不明白，德国根本没有取胜的希望了，为何元首还要大家拼死去做无意义的事情呢？

会谈结果可想而知，两位元帅已无心恋战，纷纷准备辞职回乡。

相关链接：

V-1 导弹

V-1，即"复仇1号"，V-1 导弹是德国在第二次世界大战期间开发研制的一种对地巡航导弹，是世界上最早在战场上使用的导弹，可谓是现代巡航导弹的鼻祖。由于它使用的是脉冲喷射引擎，故飞行中会发出嗡嗡的声响，又被戏称为"嗡嗡炸弹"

V-1 重量为 2.2 吨，全长 7.6 米，宽 5.3 米，弹径为 0.82 米，这使它外观上更像是一架飞机。它以空气喷气发动机为动力，速度最快可达 600 千米每小时，射程可达 370 千米。在使用时，可用弹射器发射 V-1，也可用飞机。

由于当时的条件有限，V-1 采用较为简单的惯性制导，装备的是陀螺仪控制的自动飞行系统，由陀螺方位仪等简单的机械工具构成，通过计算飞行时间，让导弹自由下落，达到目标点。正因如此，V-1 在发射前，德军必须拿到发射场地和轰炸场地的地图坐标，由此计算出导弹的飞行数据。这种运行方式明显是有缺陷的，因为风、雨等气象状况会使得计算结果与最终目标产生较大的误差，导弹很容易就会发生偏离，而 V-1 的发射的平均偏差值为 3 千米。但不管如何，它依旧是当时战场上威力巨大的武器之一。

德国最先在战场使用 V-1 导弹，是在 1944 年 6 月 13 日的不列颠空战中。

德国方面在伦敦发射了2000多枚V-1,造成将近2万人的伤亡。随后,德军在欧洲几个重要地区也投射了大量V-1。一直到德国投降前,已有约3万枚导弹被制出,且至少使用了1/3。盟军方面主要使用高射炮和防空气球来破坏它的攻击,还训练飞行员学会从空中击落它。

狐狸之死——意外赐死留谜团

会谈已经结束，隆美尔已经做好再次"被贬"的准备了。

奇怪的是，龙德施泰特被克卢格元帅所取代，隆美尔却依旧待在他的位置上，好像已经被人遗忘了一般。这位新上任的元帅受到某些人的影响，对隆美尔没有什么好印象。在他的心里，隆美尔不过是一个失败者、孤立主义者和不愿服从命令的不合格军人。

当这位老帅抵达隆美尔的指挥部时，没说二话，直接训斥起人来。不过，当他亲自巡视完诺曼底前线后，就立马改变了之前的想法。隆美尔对当前的形势分析是完全无误的，盟军的制空权遏制住了德军所有军事行动，以至于装甲部队只能在小范围内作战。而当前过于缺乏高射炮，所以白天的任何行动都行不通。

7月11日，美军向圣洛城的德国守军发起了进攻，西欧战线全面告急。克卢格再也没有了之前的盛气凌人，对隆美尔也充满了愧疚之情。隆美尔提醒他，圣洛防线不太可能被守住了，应当做好最坏的打算。克卢格便请求他为德军未来的情况写一份预测报告，好让自己对希特勒那边有所交代。

虽然知道德军已是穷途末路，但隆美尔还是赶到了圣洛防线去察探了一番。那里的情况让他陷入了更为绝望的心情之中。到处都是盟军的飞机、坦克和大炮，德军的防守队伍可怜地缩在壕沟之中，一直承受着来自空陆的双重打击。德军的死伤越来越多，而能够支援的队伍已经没有了，他们只能作困兽之斗。

隆美尔回来后立马给最高统帅部提交了报告，报告中不仅谈到当前守军的惨状，还提出采用政治手段结束战争的建议。不仅如此，他也开始与周围的指挥官密切互动起来，希望能够得到他们对于"立刻结束战争"的支持。

7月15日，隆美尔与西线装甲部队的司令艾伯巴赫将军再次密谈起"政治解决"的相关事宜。在他们看来，继续战争只会让德国民众承受更多的痛苦，德国本土必将成为盟军的"靶子"。此外，他还对自己信得过的一些老部下谈过这件事。

隆美尔和克卢格元帅已联名给希特勒写了一份"最后通牒"，希望他能立刻下达停止西线战斗的命令。

隆美尔的想法让希特勒大为反感，认为这是贪生怕死、罔顾国家利益的做法。事实上，盟军内部此时对与德国谈判的做法处于一种对立的局面。英美当然乐意与德国达成和解，尽快结束战争，但苏联方面对英美试图与德国单独和谈的行为持强烈反对态度，英美在亚洲地区还离不开苏军的支持，所以他们不得不再次宣告，没有和解，只有投降。这本质上就是"资本主义"与"社会主义"争夺势力范围的具体体现，但确实深深影响了德国的未来结局。

隆美尔最后一次试图解救西线战士的幻想也破灭了。不仅国内容不下他，盟军方面也把他视作最具威胁的德军将领，开始制定各种计划来解决他。

7月20日，英军空军司令部指挥官麦克利奥发布了绑架或暗杀隆美尔及其参谋部成员的秘密指令。然而，他们还没有行动，隆美尔就遇到了一次意外事故。事故当天，隆美尔处理完事情准备坐车赶回司令部，当车子将要靠近公路时，2架盟军轰炸机竟然迎面向他们飞来。为了避免成为袭击目标，他们决定将车子暂时隐蔽在道路两旁的灌木丛里，谁知还没来得及调头，战机机枪就向他们扫射过来。战机发射的一枚炮弹在车子不远处爆炸了，气浪将他们连人带车卷到了路边小沟里。隆美尔还算命大，只是头部受了点伤，被震晕了过去。好在战机没有继续攻击，否则，隆美尔肯定逃不过去。

就这样，隆美尔被送进了附近的空军医院。虽然受伤令他无比烦躁，但也确实阻止了盟军的暗杀计划。

7月20日，东普鲁士拉斯腾堡附近的元首大本营周围气氛凝重，希特勒正和他的幕僚们谈论东线战场的相关事宜。在里面的会议室里，陆军副参谋长豪辛格正在向大家介绍东线战场的窘境。希特勒则拿着放大镜在地图上仔细观看。突然，会议室内一阵巨响，顿时火光喷涌，被炸碎的尸块不断散落掉下。

这是德国国内反希特勒分子的"杰作"。这次刺杀行动预谋已久，他们还为计划取了一个代号，即"伐尔克里复仇计划"（"伐尔克里"是日耳曼神话中的死神少女），而行动的策划人和实施者正是德国国内驻防军参谋长克劳斯·冯·施道芬贝格上校。

1944年7月7日，施道芬贝格按照惯例前往希特勒私人别墅汇报工作，当时，他在自己的公文包中装了一枚定时炸弹。原本他是想把希特勒、戈林和希姆莱一起炸死的，但恰好后面两个人不在，就放弃了计划。

7月20日，他与史蒂夫将军、哈夫登中尉来到元首大本营出席军事会议。在这里，他与同谋者菲尔基贝尔将军接上了头，决定立刻实施计划。会议开始前，施道芬贝格找了个借口顺利拿到了内线提供的装有定时炸弹的公文包。炸弹即将引爆的前几分钟，他找了个借口离开了会议室。旁边的一位军官为了不碰倒公文包，便顺手将公文包放在了离希特勒较远的桌子底座外侧。正是这不经意的一个小举动竟然救了希特勒一命。厚实的橡木桌为希特勒挡住了致命一击，但还是让他受了伤。他的头发被火烧焦了，两耳鼓膜受到严重冲击，两臂都有不同程度的擦伤和瘀血。

下午的时候，德国国家广播中途插播了这一令人震惊的消息。虽然没受大伤，但希特勒对内部人的背叛感到尤为愤怒。当天夜里，希特勒进行了一次广播演讲。因为过于愤怒，所以整个过程更像是一次没有对手的争吵。他不断歇斯底里地咒骂着反对派，发誓要将他们一网打尽，处以严刑。

这时的隆美尔还在医院里养着伤，不过他已收听到了希特勒的广播演讲。7月23日，隆美尔从贝尔内空军医院转移到了巴黎郊外的另一个医院。在那里，他给希特勒发了一份电报，报文表达了他对此次事件的遗憾，并祝愿对方能够早日康复。

电文发出后，他就一直等着希特勒的回电，希望能够有机会好好谈一谈德国今后的选择。他完全没有意识到，他将被卷入到一场怎样的祸事中去。

此时的希特勒已经完全陷入疯狂之中，为了找出所有反对者，他成立了"荣誉法庭"专门去制裁他所认为的"叛徒分子"。无数的军官因此而受到调查，其中既有真正的反对者，也有不少无辜者。

"7.20"密谋刺杀希特勒的组织者之一，德国陆军元帅埃尔温·冯·维茨勒本

因自杀而亡的高级军官也是一大批，比如冯·克卢格。在被解除职务召回国内的途中，为了避免审讯时受辱，他偷偷吞食了氰化物，就此结束了自己的生命。

希特勒没有放弃调查隆美尔——这位曾经对他、对德国无比忠诚的战士。"7·20"之后，盖世太保正到处搜集关于隆美尔参与此次事件的证据。由于调查是秘密进行的，所以隆美尔并没有感到太多的异样。

伤已痊愈的隆美尔回到了德国。他的归来让家人又惊又喜。露西很担心他的伤势是否真的痊愈，是否会留有后遗症，隆美尔只能尽力抚慰她，让她无须担心。之后的几天内，他一直在家休养，希特勒那边没有任何要召见他的意思。他有点不安，但只能选择等待。

回家后，隆美尔才渐渐发现周围的情况似乎有些不对头。夜晚的时候，总有人影在他们家附近晃动，甚至出外散步或游玩时，也会有一些鬼头鬼脑的陌生人在附近偷看他们。长年在外征战的隆美尔岂会看不出这样的把戏！他知道自己全家已经被秘密监视了。

堂堂的一国元帅，而今竟然会受到如此待遇，这让隆美尔感到匪夷所思，也感到愤怒异常。他开始养成随身携带武器的习惯。他决定，一旦让自己亲手捉到监视的特务，就立刻制裁他们。

当发现自己已被监视软禁的那一刻，隆美尔明白灾祸就快到来了。但他可能没想到会来得这么快。9月1日，隆美尔的参谋长斯派达尔被免去了职务，第2天被盖世太保以谋杀元首为由逮捕了起来。9月3日，隆美尔接到了自己的解职令。情况再明白不过了，隆美尔猜测一定是斯派达尔说了什么，否则希特勒不会轻易动自己的。

为了保住自己和家人，隆美尔主动给希特勒写了一封信，信中向希特勒说明了斯派达尔以往是多么的忠诚，工作是多么的认真，为国家在前线立下了汗马功劳云云。信的最后，隆美尔对斯派达尔被捕表达了自己的困惑，指出这完全是一场误会，他的参谋不会是什么叛徒。

信件寄出之后，隆美尔立刻将家人叫来，向他们说明了自己当前的困境。他对露西坦言，如果希特勒真的认为自己参与了刺杀事件，那么他肯定是凶多吉少，他希望她和孩子能够做好心理准备。

1944年10月7日，隆美尔接到了来自元首大本营的电话。电话里通知他一会儿去柏林参加一个会议，届时会有专车前去接送。隆美尔或许已经从对方冰冷的话语中感受到了一阵阵杀气，他随即向旁边紧张的妻子叹了一口气。他觉得还是应该找个借口不去为妙，如果到了柏林，说不定立马就被逮捕了。

为了证实心中的想法，隆美尔特意给最高统帅部的威廉·布格道夫打了一个电话。当隆美尔问道，希特勒究竟为了什么事召见他时，那位与他私交不错的将军忍不住透露了一点信息。布格道夫提示隆美尔，这次的会面重点是要解决他的未来问题。隆美尔立刻心领神会，他告诉布格道夫自己的私人医生不允许他长途奔波，因为这将导致之前的旧症再次复发。隆美尔甚至还假装客套，请布格道夫为他向希特勒解释这件事情。

放下电话后，隆美尔请他的私人医生阿布里赫教授为他开了一份造假证明。这样一来，他的心终于稍稍有点安稳了。他不断安慰妻子，等到时机成熟，他一定会当面向希特勒说明一切，问题肯定会得到圆满解决。

他可能还不知道，远在千里的希特勒正因为这个拙劣的借口加深了对他的怀疑。加上一些居心叵测的政治家和军事投机者在希特勒面前不断向他证实隆美尔有罪，希特勒终于对隆美尔起了杀心。

10月13日上午，隆美尔夫妇一起去看望了老朋友。接近中午的时候，隆美尔家的仆人接到了布格道夫将军的电话。电话那头让仆人转告隆美尔，自己将和另一位朋友去拜访他们，专门讨论关于其未来职务的相关问题。

第二天，布格道夫和他的副官到了。在客套一番后，布格道夫立刻切入正题，要求和隆美尔单独谈一谈。在隆美尔的书房里，布格道夫告诉隆美尔，他已被指控为刺杀希特勒的罪犯。接着，他还在隆美尔面前展示了斯派达尔和另一同谋者霍法克的证词。不仅证词中都有提到隆美尔的名字，案犯还供认隆美尔将在刺杀成功后支持反对派。

隆美尔没有再多说什么，因为说什么恐怕都没有用了。他表示，自己愿意接受惩处，但希望不要连累他的家人。布格道夫向隆美尔传达了希特勒对他的最终判决，让他自己二选其一。一是自我了断，到时大家将会当作什么都没有发生，为隆美尔以元帅而非叛国者的身份举行国葬大典、修建墓碑，露西和弗雷德曼将会领取一笔丰厚的军属抚恤金；二是接受审判，等待军事法庭的严处。

无数枪林弹雨的日子，这位优秀的军事指挥官都挺过来了；多少外国人把他当作战争威胁，想要夺走他的性命，他都幸运地避开了……唯独这次，当他面对自己同胞的时候却怎么都没法躲了。隆美尔冷静思考了一会儿，决定选择前者。毕竟这是唯一不会连累家人，结束这场谋杀闹剧的最佳办法。

在和家人交代一切后，他和布格道夫及其副官坐上了一台小汽车走了。临行前，他唯一带着的东西，是他视为荣誉的象征——元帅权杖。车子没有开远，他们只是来到了离隆美尔家近处的一片小树林中。布格道夫让他的副官，还有司机都离开一会儿，仅他和隆美尔单独坐在车内。几分钟后，他们回来了。后座上的隆美尔正在不断抽搐，但已经完全瘫倒在一边，一瓶氰化钾——彻底结束了他的生命。

希特勒也假惺惺地给隆美尔的遗孀发来唁电，向她表达了自己的哀悼之情，称颂隆美尔是一代名将，其威名将被后世永传云云。随后，柏林这边遵守承诺给隆美尔举行了国葬，并鸣炮将其送入墓园。年仅53岁的隆美尔就这样被画上了生命的终止符。

隆美尔虽死，但其卓越的军事指挥才能受到了人们的一致肯定。还因其卷入了刺杀希特勒的事件中，被人冠以"反法西斯斗士"的名号。他究竟有没有参与刺杀希特勒的行动？整整70年过去了，关于这件事还是有很多谜团没能解开，仍旧是各家争鸣的局面。

之所以存在那么多疑问的原因在于，隆美尔生前早已将所有关于自己和"7·20"事件有关的文件销毁了，害怕盖世太保故意找茬，利用文件给他和身边的人扣上什么帽子。

隆美尔的儿子弗雷德曼谈到，自己的父亲曾经对他谈过关于希特勒的问题。隆美尔的基本观点是，刺杀希特勒只是一种暴力行为，根本无法解决德国的危机。最好是敞开西线，让盟军直接占领他们想要的地方，然后逼迫希特勒接受现实。基于这点，弗雷德曼坚持认为隆美尔事前并不知道"7·20"事件，更不要说亲自参与了。

但绝大对数人都认为，隆美尔虽没有直接参与刺杀，但应该知道反希特勒组织要刺杀他的消息，有知情不报的嫌疑，因为毕竟他的参谋长直接参与了那次行动，他不可能丝毫没有察觉。据一些人推测，当时的刺杀者们应该事先与隆美尔接触过，但隆美尔不想蹚这个浑水，没有答应加入。不过，为了尽早解救德国，他也不反对干掉希特勒，所以就故意隐瞒不报。但密谋者这边则想先把隆美尔算上，待到刺杀成功后，便可以借助隆美尔的威名成立新政府，重掌军队大权。这样一来，便可以解释为什么参与刺杀计划的名单上有隆美尔的名字，但又有证据显示他没有参加。

不过，上述的一切都没有直接的史料证明，始终都是一家之言。

总之，不管外界如何猜测，这一切都已成为过往。隆美尔在战场上取得的成就不会因为他的悲惨结局而被磨灭。事实上，迄今为止还有不少他的崇拜者。当然，也有不少人对他提出过质疑。有人认为他是纳粹的走狗，有人认为他的能力没有那么强，完全是德军宣传机器的功劳，也有人认为他只善于战术作战，是个战略上的矮人。

然而，不论世人如何评论，他依旧是德国历史上，乃至世界战争史上的一位重要人物。